Die größten Mythen der Geschichte entlarvt

Der Autor

Der Geschichtsanalytiker und Sachbuchautor Mario Arndt schreibt über Themen, die Sie nicht in traditionellen Geschichtsbüchern finden. Seine Analysen der offiziellen Geschichte decken auf, wie das Mittelalter, die Antike und die dazugehörigen Zeitrechnungen gefälscht und erfunden wurden.

Mario Arndt wurde 1963 in Rostock geboren und hat seit 2002 seinen Wohnsitz in Frankfurt am Main. Website: www.HistoryHacking.de

Vom Autor sind außerdem erschienen:

Das wohlstrukturierte Mittelalter (2012), ISBN: 978-38423487762
Die wohlstrukturierte Geschichte (2020), ISBN: 978-3738645583
Astronomie und Chronologiekritik (2020), ISBN 978-3751997935
Die wohlkonstruierte Chronologie (2020), ISBN 978-3751980814
Wer war Karl der Große wirklich? (2020), ISBN 978-3751966948
History Hacking. Deutsche Ausgabe (2021), ISBN 978-3754306437
Kaiser Augustus und die erfundene Antike (2021), ISBN 978-3754339909
Jesus Christus auf dem Kaiserthron (2021), ISBN 978-3754343258
History Hacking. English Edition (2023), ISBN 978-3756821280

Mario Arndt

Die größten Mythen der Geschichte entlarvt

© 2023 Mario Arndt (1. Auflage)

Herstellung und Verlag: BoD – Books on Demand, Norderstedt

ISBN: 9783757829452

Bibliografische Information der Deutschen Nationalbibliothek

Die Deutsche Nationalbibliothek verzeichnet diese Publikation in der Deutschen Nationalbibliografie; detaillierte bibliografische Daten sind im Internet über dnb.d-nb.de abrufbar.

Inhalt

"It's more fun to be a pirate than to join the Navy." (Steve Jobs)

"ANYTHING GOES"
Paul Feyerabend

Vorwort

Die Geschichtsanalytik und Chronologiekritik hat hat seit den 1990er Jahren einen entscheidenden Durchbruch erzielt. Sie wird seitdem von den Verwaltern der offiziellen Geschichtsversion rezipiert, wenn auch zunächst nur von wenigen. Verantwortlich für diesen Erfolg sind Autoren wie Anatoli Fomenko (z.B. "History: Fiction or Science?"), Gunnar Heinsohn (z.B. "Wie alt ist das Menschengeschlecht?"), Heribert Illig (z.B. "Das erfundene Mittelalter") und Uwe Topper (z.B. "Die große Aktion").

Im neuen Jahrtausend setzte sich dieser Erfolg fort, auch außerhalb Deutschlands und Russlands. Es kamen neue Autoren hinzu, wie etwa Christoph Pfister aus der Schweiz (z.B. "Die Matrix der alten Geschichte") und François de Sarre aus Frankreich (z.B. "Mais où est donc passé le Moyen Âge?").

Der Autor Mario Arndt wurde bekannt durch "Das wohlstrukturierte Mittelalter" (2012) und "Die wohlstrukturierte Geschichte" (2015). Danach sind noch sechs weitere Bücher von ihm erschienen.

Seine bisher größten Entdeckungen:
- die artifizielle Strukturierung der Reihenfolge der Namen der christlichen, europäischen Herrscher des Mittelalters,
- die antiken Zeitrechnungen sind nach einem klaren Plan aufeinander abgestimmt,
- der Zahlencode der Bibel ist auch in der offiziellen Geschichte enthalten.

In diesem Band werden die wesentlichen Erkenntnisse seiner Forschungen präsentiert.

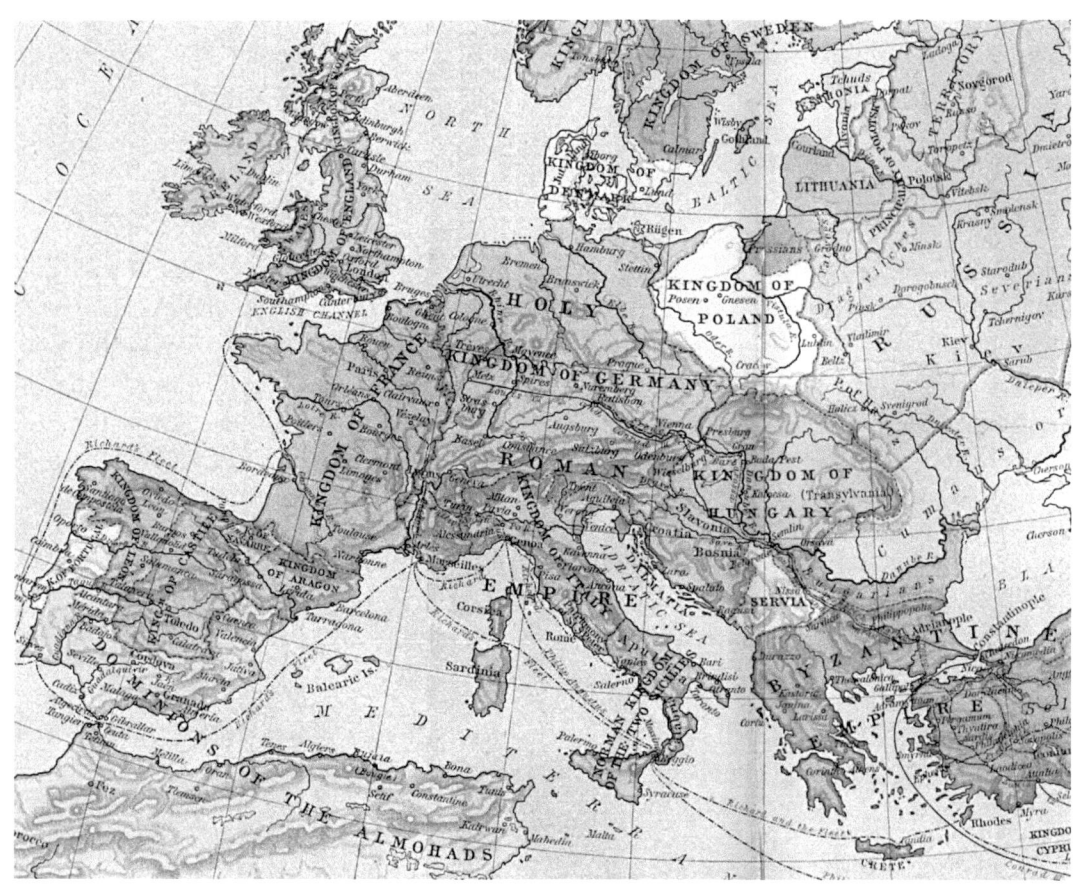

Abb. 1: Europa im Jahre 1190 nach offizieller Geschichte

Zyklen in der Geschichte: Der 800-Jahres-Zyklus

Von Julius Caesar zu Kaiser Karl V.

Eine Reihe von wichtigen Ereignissen der offiziellen Geschichte ist im 800-Jahres-Zyklus angeordnet. Offensichtlich ist damit ein Grundgerüst der heute gültigen Chronologie im 800-Jahres-Abstand erzeugt worden.

Im Jahre 800, und zwar genau 800 Jahre nach der "Fleischwerdung des Herrn", der Geburt von Jesus Christus, am 25. 12., entsteht mit der Kaiserkrönung Karls des Großen das römische Kaisertum im Westen neu.

Die Lebensdaten der beiden wichtigsten römischen Herrscher der Antike, Julius Caesar und Augustus, des ersten römischen Kaisers, sind mit denen der beiden bedeutendsten römischen Kaiser des Mittelalters und der Neuzeit eng verknüpft. Dies sind Karl I., auch der Große genannt, und Karl V., "in dessen Reich die Sonne nie unterging", und in dessen Amtszeit das westliche Christentum in seiner heutigen Form durch Reformation und Gegenreformation entstand.

Abb. 2-4: Julius Caesar (100 v. Chr. - 44 v. Chr., Augustus (63 v. Chr. - 14), Karl der Große (737, 742 oder 747 – 814) und Karl V. (1500 - 1558)

2 x 800 Jahre nach Julius Cäsar wird Karl V. geboren, im Jahre 1500, und beendet seine Herrschaft 2 x 800 Jahre nach diesem im Jahre 1556.

Karl der Große verweist auf Augustus, da er exakt 800 Jahre nach dessen Tod stirbt, im Jahre 814, und sich weitere biographische Details nach genau 800 Jahren sehr ähneln.

Z. B.: Im Jahre 32 v. Chr. ließ sich Oktavian zum "Führer Italiens" und damit des gesamten Westens ausrufen. Karl der Große wurde exakt 800 Jahre später, im Jahre 768, König des Fränkischen Reiches.

Im Jahre 27 v. Chr. wird in Rom der Bürgerkrieg offiziell beendet. Der römische Senat verlieh Oktavian den Titel Augustus.

Genau 800 Jahre später, im Jahre 773, wird Karl der Große vom römischen Papst nach Italien gerufen, wegen der Langobarden wieder einmal. Ein Jahr später sind die Langobarden dann besiegt, es ist Ruhe eingekehrt, und Karl lässt sich in Italien zum König der Langobarden krönen.

Abb. 5: Reiterstatue von Karl dem Großen, Louvre Museum
Abb. 6: Kaiser Augustus, Vatikanische Museen

Einer anderen Schriftquelle gemäß ist das Geburtsjahr von Karl dem Großen das Jahr 737, also genau 800 Jahre nach der Geburt von Kaiser Augustus.

Die offizielle Geschichte meint zu diesem Phänomen, der Karls-Biograph Einhard habe sich an Sueton, dem antiken Kaiserbiographen, orientiert, der u.a. auch über Augustus geschrieben hatte. Wenn die Jahreszahlen aber einem so klar erkennbaren Raster folgen wie hier, dann ist die Grenze zwischen Geschichtsschreibung und reiner Dichtung überschritten.

Karl V. verweist auch ganz klar auf Karl I., den Großen. Sowohl Karl der Große als auch Karl V. wurden im Jahre 1500 geboren. Der eine nach der Zeitrechnung seit der Gründung der Stadt Rom (ab urbe condita = 747 AD), der andere nach der heutigen Zeitrechnung Anno Domini. Somit werden ihre Lebensdaten auch über die Ära ab Gründung der Stadt Rom miteinander verknüpft - sehr passend für einen römischen Kaiser.

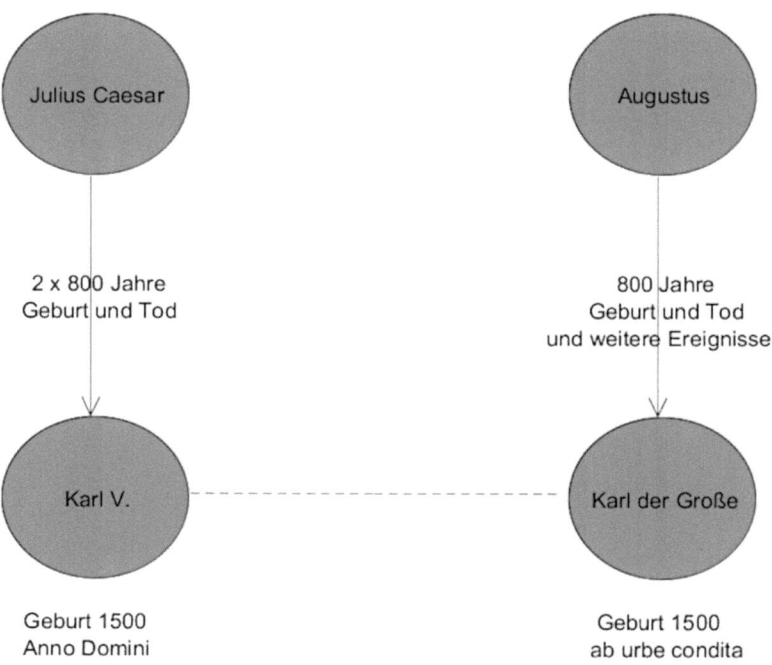

Grafik 1: Der Zusammenhang der Lebensdaten von Julius Caesar, Augustus, Karl dem Großen und Karl V.

15

Die in den Schriftquellen enthaltenen widersprüchlichen Geburtsdaten von Karl dem Großen – entweder 737 oder das meistgenannte Jahr 747 (auch genau in der Mitte 742) – sind entweder auf eine Konstruktion mit Kaiser Augustus (737) oder mit Kaiser Karl V. (747) bezogen. Entweder passt es mit Augustus – genau 800 Jahre Differenz – oder mit Karl V. - 1500 Jahre seit der Gründung der Stadt Rom (ab urbe condita).

Fälschungen der Lebensdaten von Herrschern, auch durch diese selbst, sind bis heute nichts Ungewöhnliches. Erst jüngst, im Jahre 2010, änderte z.B. der Präsident von Belarus, Alexander Lukaschenko, sein eigenes Geburtsdatum, um am selben Tag Geburtstag zu haben wie sein Sohn. Es wäre eine Riesen-Überraschung, wenn Herrscher der entfernten Vergangenheit mit ungleich größeren Machtbefugnissen dies nicht genauso getan hätten.

Dieser 800-Jahres-Abstand betrifft die in ihrer Epoche wichtigsten römischen Herrscher: Julius Caesar, Augustus, Karl der Große und Karl V., den "erwählten Kaiser", "in dessen Reich die Sonne nie unterging". Er ließ sich als letzter Kaiser vom römischen Papst nachkrönen. Dies entspricht Julius Caesar, der der letzte antike römische Herrscher war, bei dem Rom (der Senat) etwas mitzureden hatte.

Abb. 7: Karl der Große und Karl V. auf dem Titelbild
des Erstdrucks von "Das Leben Karls des Großen" von 1521

Abb. 8: Karl V. um 1548

16

Wenn also so nachgewiesen ist, dass die Lebensdaten im 800-Jahres-Zyklus exakt übereinstimmen, sind das nicht mehr bloße Parallelitäten, sondern Indizien für eine Konstruktion der Geschichte nicht nur im epistemologischen Sinne, sondern auch im ontologischen.

Diese 800-Jahres-Verschiebung betrifft weiterhin die in ihrer Epoche mit Abstand wichtigsten Kriege für Deutschland: die Kriege um das Jahr den Beginn der Zeitrechnung herum mit der Varusschlacht, die Sachsenkriege Karls des Großen, und der verheerende Achtzig- + Dreißigjährige Krieg – dazu später mehr.

Hier darf nicht unerwähnt bleiben, dass es nach offizieller Geschichte seit dem legendären Friedrich II. im Jahre 1220 nur noch zwei römische Kaiser gab, die sich vom offiziellen Papst (kein mitgebrachter "Papst", der dann als sogenannter Gegenpapst installiert wurde) in Rom krönen ließen: Sigismund 1433, und Friedrich III. 1452. Zwischen Friedrich II. und Sigismund fand also über 200 Jahre lang (das ist länger als die Zeit von Napoleons Tod bis heute) keine Kaiserkrönung durch einen regulären Papst statt.

Daher darf die Frage gestellt werden, ob es tatsächlich überhaupt jemals eine Kaiserkrönung in Rom gab, oder ob Kaiserkrönungen durch den Papst nicht eine Erfindung aus der Zeit der Gegenreformation im 16. Jahrhundert sind. Zu den erfundenen Königen, Kaisern und Päpsten der Antike und des Mittelalters später mehr.

Es ist gar nicht so einfach, vier Personen so in der Chronologie zu verankern, dass wichtige Lebensdaten des einen (Augustus) genau 800 Jahre später mit einem anderen (Karl der Große) wiederholt werden, natürlich angepasst auf geographische Unterschiede. Hier nehmen Historiker an, der Autor Einhard habe sich an Suetons Kaiserbiographie orientiert. Das ist deswegen nicht einfach, weil ja tatsächliche Ereignisse auch immer mit anderen Ereignissen verknüpft sind, die dann ja in Wirklichkeit anders gewesen sein müssen. Diese sind auch wieder mit anderen verknüpft usw.

Darüber hinaus hat man es auch noch fertig gekriegt, Karl V. mit Geburt und Tod 2 x 800 Jahre nach Julius Caesar zu platzieren. Und darüber hinaus hat man es auch noch geschafft, Karl den Großen im selben Jahr zur Welt kommen zu lassen wie Karl V., im Jahre 1500 - der eine a.u.c. (Ära seit der Gründung Roms) der andere AD (Anno Domini – unsere heutige Zeitrechnung).

Das ist dann doch ein wenig zu viel, um als Zufall durchzugehen, vor allem, weil es gerade diese vier Herrscher sind.

Abb. 9: Die Ermordung von Julius Caesar, womit die römische Republik endet, Gemälde von Vincenzo Camuccini (1771-1844)

Karl V. wurde übrigens genau wie Julius Caesar von zwei Personen zum Rücktritt gedrängt. Bei Julius Caesar waren es Cassius und Brutus, die ihn schließlich ermordeten. Bei Karl V. waren es sein Bruder Ferdinand I., der römischer Kaiser wurde, und sein Sohn Philipp II., der spanischer König wurde.

Und er trat genau 2 x 800 = 1600 Jahre nach Caesars Ermordung im Jahre 1556 zurück, um dann zwei Jahre später im selben Jahr wie Julius Caesar Scaliger zu sterben. Julius Caesar Scaliger (1484-1558), ein italienischer Gelehrter, schrieb die erste wissenschaftliche Grammatik der lateinischen Sprache überhaupt (*De causis linguae latinae,* 1540). Seinen Werken gab er die Form eines Kommentars.

Julius Caesar Scaliger war der Vater des Begründers der wissenschaftlichen Chronologie, Joseph Justus Scaliger (1540 – 1609), der im Auftrag des Papstes eine zusammenhängende Chronologie der Antike erstellte. Zu ihm später mehr.

Von Troja über Rom nach Konstantinopel

Weiterhin laufen die wesentlichen, die Geschichte prägenden Eroberungen Roms (inklusive Proto-Rom Troja und Nova Roma = Konstantinopel) im 800-Jahres-Zyklus ab.

Rom in Italien wurde das erste Mal im Jahre 390 (andere Quellen 387) v. Chr. erobert und geplündert, von den Kelten (die zu dieser Zeit von den Autoren noch nicht von den Germanen getrennt worden sein sollen).

Abb. 10: Die Plünderung Roms durch Brennus und die Kelten 390 v. Chr.

Gemäß offizieller Geschichte wurde Rom dadurch tributpflichtig, und brauchte lange, um sich zu erholen. Es befestigte die Stadt und strukturierte sein Militär völlig neu. Die römischen Legionäre wurden mit einem Kurzschwert ausgestattet, anstatt des griechischen Speeres. Die Bronzehelme wurden durch Eisenhelme ersetzt usw. Die Traumatisierung der Römer dauerte nach offizieller Geschichte lange, und ist nur mit der Eroberung durch die Westgoten genau 800 Jahre später vergleichbar.

Danach gab es die nächste Eroberung Roms genau 800 Jahre später, im Jahre 410 durch die Westgoten.

Die erste Eroberung Neu-Roms (das griechische Konstantinopel) erfolgte 1204, genau 796 Jahre darauf, durch die Franken bzw. Lateiner aus Westeuropa.

Und da die Römer ihre Herkunft von Troja herleiten, können wir Troja sozusagen als Ur-Rom mit einbeziehen. Nach den Daten von Eratosthenes wurde Troja im Jahre 1184 v. Chr. von den Griechen erobert, also genau 794 Jahre vor der Einnahme Roms durch die Kelten.

Abb. 11: Troja wird von den Griechen erobert, 1184 v. Chr.

Abb. 12: Die Eroberung Roms durch Alarich und die Westgoten 410 n. Chr.

Abb. 13: Die Eroberung von Konstantinopel durch die Kreuzfahrer 1204

Wir haben also vier die weitere Geschichte verändernde Eroberungen Roms, die jeweils 800 Jahre (Abweichung < 1 %) auseinanderliegen. Die erste beginnt mit einem Sieg der Griechen und einer Niederlage der Trojaner (von denen das Rom in Italien gegründet worden sein soll, und die Franken abstammen wollen). Die letzte endet mit einem Sieg der Franken und Lateiner (mit dem römischen Papst) über die Griechen. Und so schließt sich der Kreis.

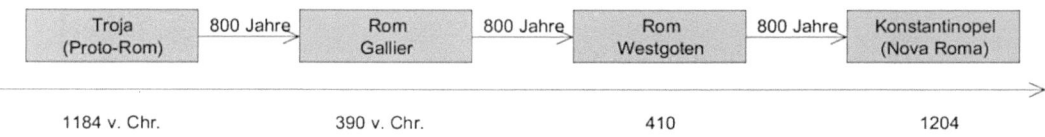

| Troja (Proto-Rom) | 800 Jahre | Rom Gallier | 800 Jahre | Rom Westgoten | 800 Jahre | Konstantinopel (Nova Roma) |

1184 v. Chr.   390 v. Chr.   410   1204

Grafik 2: Eroberungen von Rom, die die Geschichte prägen, im Abstand von 800 Jahren

Drei Kriege im und um den Teutoburger Wald

Es gibt auch alle 800 Jahre einen Krieg mit Bezug zum Teutoburger Wald. Im Jahre 9 findet die in Schriftquellen sogenannte Schlacht im Teutoburger Wald statt (Varusschlacht), als Teil der Kriege zwischen Römern und Germanen zu Beginn unserer Zeitrechnung.

800 Jahre später finden die bekannten Sachsenkriege Karl des Großen (772-804) statt, die im Teutoburger Wald beginnen.

Und 800 Jahre darauf gibt es den Achtzigjährigen und Dreißigjährigen Krieg (1568-1648), die durch den Westfälischen Frieden in Osnabrück (Teutoburger Wald) beendet werden.

Abb. 14: Kaiser Wilhelm I. und Arminius, der Cherusker, der Sieger der Schlacht im Teutoburger Wald

21

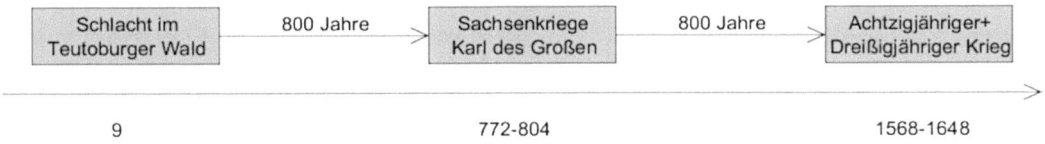

Grafik 3: Drei Kriege im und um den Teutoburger Wald im Abstand von 800 Jahren

Die herausragende Bedeutung dieser drei Kriege zwischen einem römischen Kaiser und Germanen/Sachsen/Deutschen in derselben Region unterstreicht die Auffälligkeit ihrer Anordnung in der offiziellen Geschichte.

Die Varusschlacht (als Teil der Kriege zwischen Römern und Germanen in dieser Zeit) im Jahre 9 stoppte den Vormarsch der Römer in Germanien, und war doch ein sehr empfindlicher Schlag für das Imperium.

Der römische Kaiser Karl der Große konnte in den Sachsenkriegen um 800 seinen Machtbereich weit in den Norden und Osten ausdehnen.

Mit dem Achtzigjährigen und dem Dreißigjährigen Krieg um 1600 erfolgt dann, quasi ungefähr mit dem antiken römischen Limes als Trennungslinie, die endgültige Etablierung protestantischer Fürstentümer sowie die endgültige Trennung der Niederlande und der Schweiz vom Heiligen Römischen Reich.

Als Achtzigjähriger Krieg wird der Unabhängigkeitskrieg der Niederlande gegen die spanische Krone und das Heilige Römische Reich bezeichnet, die beide vom Haus Habsburg beherrscht wurden. Er dauerte von 1568-1648 und endet zusammen mit dem wohl bekannteren Dreißigjährigen Krieg von 1618-1648, bei dem es in erster Linie um die Vorherrschaft im Heiligen Römischen Reich ging, im selben Jahr 1648 mit gleichzeitigen Friedensverhandlungen in Osnabrück und Münster.

Aber es gibt noch weitere bedeutende Ereignisse, die in den überlieferten Schriftquellen ziemlich genau 800 Jahre auseinanderliegen.

Der 800-Jahres-Zyklus auf der Iberischen Halbinsel

Auch die iberische Halbinsel (heutiges Spanien und Portugal) kennt den 800-Jahres-Zyklus: Sieht man sich die Geschichte der Halbinsel in den Jahren 1500, 700 und 100 v. Chr. an, so erkennt man:

1500: Die Reconquista wurde vor acht Jahren, 1492, abgeschlossen. Im selben Jahr wurden die Juden durch das Alhambra-Edikt vertrieben, es sei denn, sie ließen sich zwangstaufen.

700: Seit einigen Jahrzehnten sind die Oströmer von der Halbinsel vertrieben - von den Westgoten. Diese hatten noch lange Zeit fast dasselbe Gebiet (Granada) besetzt, das den Moslems auch vor dem endgültigen Sieg der Spanier noch verblieben war. Und fast genau 800 Jahre vor dem Alhambra-Edikt fand das Konzil von Toledo 694 statt, auf dem der westgotische König die Auslöschung des Judentums mit Vertreibung und Versklavung forderte (siehe Abb. 15, 16).

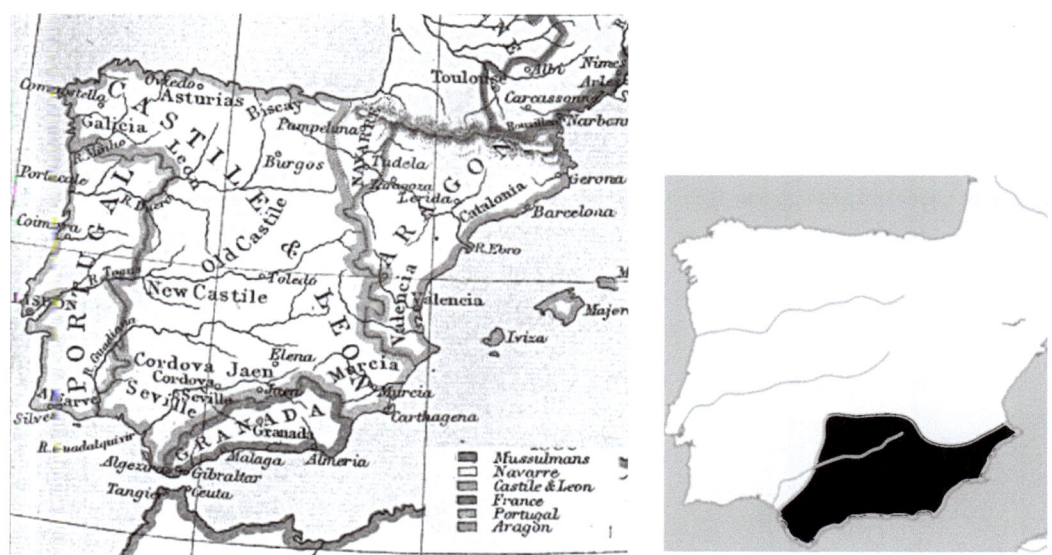

Abb. 15 (links): Die Iberische Halbinsel im Jahre 1360. Die Reconquista hat Granada noch nicht erreicht.
Abb. 16 (rechts): Die Iberische Halbinsel 800 Jahre zuvor, im Jahre 560. Die Oströmer unter Justinian I. haben noch das gleiche Gebiet im heutigen südlichen Spanien um Granada herum besetzt.

23

Noch einmal 800 Jahre zurück, im Jahre 100 v. Chr., haben die Römer gerade den größten Teil der iberischen Halbinsel erobert. Noch nicht besetzt ist lediglich ein kleiner Teil des Nordens der Halbinsel (Asturien, Kantabrien). Kurioserweise ist das gerade der Teil der Halbinsel, der später von den Moslems nie besetzt wurde, und zum Ausgangspunkt der Reconquista werden soll (siehe Abb. 17, 18).

 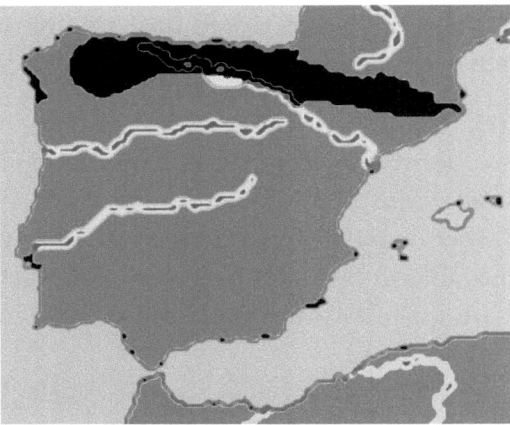

Abb. 17 (links): Die Iberische Halbinsel im Jahre 700. Nur der Norden um Asturien und Kantabrien ist von den Muslimen (Al-Andalus) nicht besetzt.
Abb. 18 (rechts): Die Iberische Halbinsel 800 Jahre zuvor, im Jahre 100 v. Chr.
Die Römer haben etwa das gleiche Gebiet im heutigen nördlichen Spanien noch nicht besetzt.

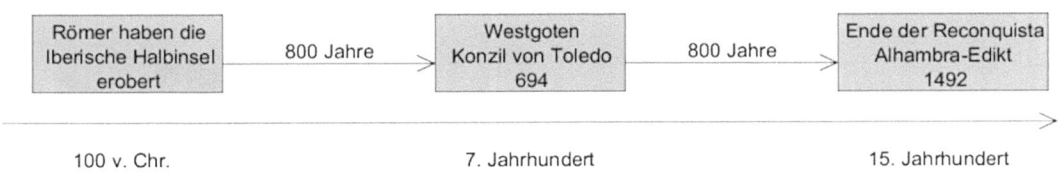

Grafik 4: Drei Ereignisse im Abstand von je 800 Jahren auf der Iberischen Halbinsel

24

Von Russen, Ukrainern, Schweden und Goten

Ca. 800 Jahre liegen auch folgende drei Ereignisse auseinander:

1) Zwischen 1655-1661 fand der 2. Nordische Krieg, vor allem auf dem Territorium Polen-Litauens, statt. Dazu gehörte damals auch Weißrussland und die westliche Ukraine bis weit östlich von Kiew. Der polnische König (Urenkel des schwedischen König Gustav I.) erhob zeitweise Ansprüche auf den schwedischen Thron, zwischen 1592-1599 gab es tatsächlich einen schwedischen König auf dem polnischen Thron.

2) In der "Nestorchronik" über die Ereignisse genau 800 Jahre zuvor lesen wir Folgendes:
seit ca. 750 skandinavische Siedlungen auf dem Gebiet des heutigen Russland und der Ukraine

854: Fürst Rurik aus Schweden kommt in Kiew an.

862: Einheimische und Waräger kämpfen miteinander. Die Waräger werden vertrieben. Es gibt aber keinen Frieden. Danach reist eine Delegation der Slawen nach Schweden und lädt die Waräger dazu ein, über die zerstrittenen Stämme zu herrschen.

882 wird die Kiewer Rus von Helgi (Oleg) gegründet. Danach gibt es weitere Kämpfe bis in die erste Hälfte des 10. Jahrhunderts.

Auch nach dem 2. Nordischen Krieg, 800 Jahre später, hören die Kämpfe nicht auf. Zwischen 1700 und 1721 folgt der Große Nordische Krieg. Dabei besetzen die Schweden Teile der Ukraine und Russlands. Im Jahre 1709 kommt es dort zu Volksaufständen gegen die schwedische Besetzung.

3) Geht man vom Anfang des 10. Jahrhunderts wiederum 800 Jahre zurück, also zum Beginn des zweiten Jahrhunderts, so sieht man in der Zeit Goten aus Polen in die Ukraine vordringen. Ursprünglich sollen die Goten aus Schweden stammen. Der schwedische König nannte sich bis 1973 auch offiziell "König der Schweden, Goten und Vandalen".

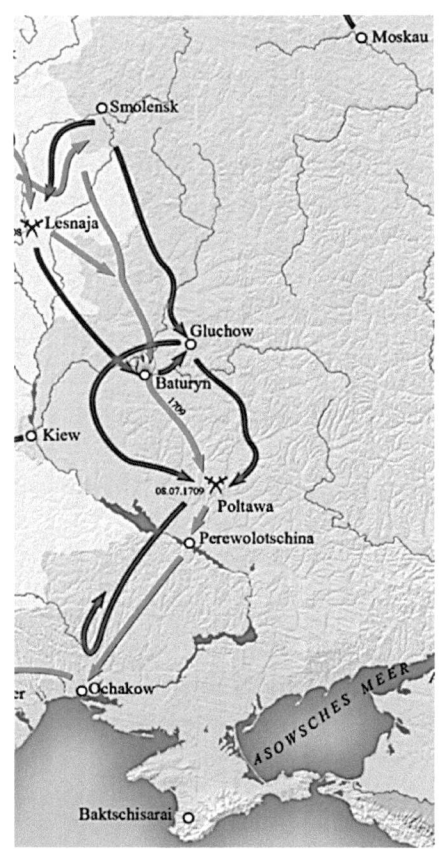

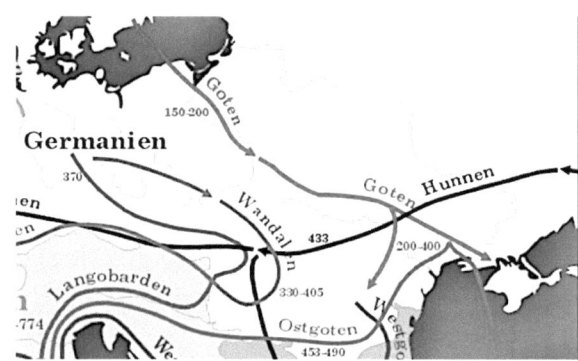

Abb. 19 (links): Schweden besetzen Teile der Ukraine und Russlands im Groß. Nordischen Krieg (1700-1721)
Abb. 20 (rechst oben): 800 Jahre zuvor: Waräger/Wikinger in der Ukraine und Russland (9./10. Jahrhundert)
Abb. 21 (rechts unten): 800 Jahre zuvor: Goten in der Ukraine (2. Jahrhundert)

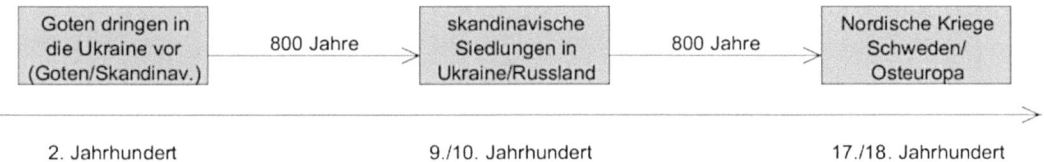

Grafik 5: Drei Ereignisse im Abstand von je 800 Jahren in Osteuropa (Russland/Ukraine/Polen)

26

Von Hunnen und Mongolen

Die Hunnen werden 451 in der Schlacht auf den Katalaunischen Feldern (im heutigen Nordostfrankreich) besiegt. Die Mongolen kommen 790 Jahre später angeblich nicht ganz so weit - an der Adria soll nach einem Jahr schon Schluss gewesen sein.

Auch stimmen die Eroberungszüge der Hunnen und Mongolen, die 800 Jahre auseinanderliegen, geografisch gut überein. Sie fallen neben in China und in Europa auch in Indien und Persien ein. Von älteren Historikern werden auch die Hunnen der Antike noch Mongolen genannt [z.B. Kortüm 1836, S. 45].

Abb. 22: Das Ursprungsgebiet der Hunnen, weitgehend deckungsgleich mit dem der 800 Jahre später lebenden Mongolen

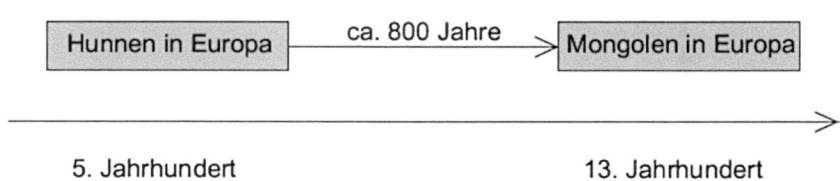

Grafik 6: Die Reiterheere der Hunnen und Mongolen im Abstand von ca. 800 Jahren

Keine Verdopplung der Klimakatastrophe nach 800 Jahren

Nicht übersehbar sind eine Reihe von weiteren Übereinstimmungen von überlieferten Ereignissen im Abstand von ca. 800 Jahren.

Nach Beschreibungen in den Schriftquellen gibt es eine Warmzeit in der römischen Kaiserzeit, der dann im 6. Jahrhundert eine Klimakatastrophe, also eine extreme Abnahme der Temperaturen, folgt. Im Mittelalter gibt es ebenso eine Warmzeit; im 14. Jahrhundert folgt dann wiederum ein Temperatursturz.

Antike	Mittelalter	Differenz
Klimaoptimum der Römerzeit ca. von 0-400	Mittelalterliche Warmzeit ca. von 950-1250	ca. 800-900 Jahre
Ab ca. 280 Weinanbau in Britannien, der im Frühmittelalter zum Erliegen kommt	Ab der Normannenzeit (11. Jahrhundert) Weinanbau in England bis zur selben nördlichen Grenze wie in der Römerzeit	ca. 800 Jahre
535/536 Klimakatastrophe der Antike: niedrige Temperaturen mit Schnee im Sommer und Missernten – **die Quellen dazu stammen aus dem südlichen Europa und dem Nahen Osten** (und irischen Klöstern: Fälschungsalarm!); in der Folge die größte Pestkatastrophe der Antike, die Justinianische Pest	1315–1317 Temperatursturz, Missernten und große Hungersnot - **die Quellen dazu sind auf das nördliche Europa beschränkt;** in der Folge die größte Pestkatastrophe des Mittelalters, der Schwarze Tod	ca. 800 Jahre
6. Jahrhundert: Viele Erdbeben, z.B. Hagia Sophia in Konstantinopel: Erbaut in den 530er Jahren, 562 Einweihung der neuen Kuppel nach Einsturz bei einem Erdbeben	14. Jahrhundert: Viele Erdbeben 1346 Einsturz des östlichen Kuppelbogens nach einem Erdbeben, danach werden außen Stützmauern errichtet, die der Hagia Sophia erst ihr heutiges Aussehen geben	ca. 800 Jahre

Tabelle 1: Auffällige Parallelen im Abstand von ca. 800 Jahren

Diese Schlussfolgerungen aus den Beschreibungen der Schriftquellen können so aber nicht durch die neueste wissenschaftliche Forschung bestätigt werden. Die neueste Forschung widerspricht älteren Ergebnissen, die die absolute Wahrheit der Inhalte der Schriftquellen voraussetzten und sogar willkürliche physikalische Anomalien postulierten, um diese nicht in Frage zu stellen.

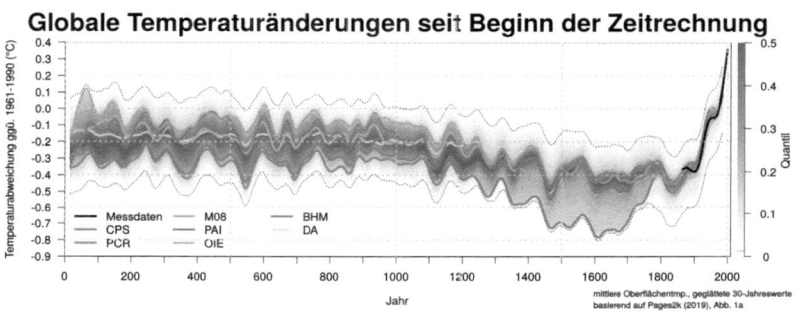

Abb. 23: Temperaturanomalien der letzten 2000 Jahre nach [Neukom 2019]

Es gab demnach vor dem 13. Jahrhundert entsprechend der offiziellen Chronologie gar keine drastischen Klimaveränderungen, wie sie Schriftquellen der Antike für die Zeit ab dem 6. Jahrhundert beschreiben. Es gab nur *eine* Klimakatastrophe – und nicht zwei. Dieser Temperatursturz begann ab der zweiten Hälfte des 13. Jahrhunderts.

Keine Verdopplung der Pestseuche nach 800 Jahren

Parallel dazu soll es angeblich laut offizieller Geschichte Pestkatastrophen im 6. und im 14. Jahrhundert gegeben haben.

Die größte Pestseuche der Antike, die Justinianische Pest, begann im Jahre 542 in Konstantinopel (dem heutigen Istanbul). Danach gab es in den folgenden 150 Jahren immer wieder Ausbrüche der Pest.

Die größte Pestseuche des Mittelalters, der Schwarze Tod, bricht genau 805 Jahre später, im Jahre 1347, in Konstantinopel aus, und verbreitet sich dann über fast ganz Europa. Es folgen in den nächsten 150 Jahren weitere Ausbrüche.

Abb. 24: Doktor Schnabel, der Pestarzt - nur echt mit der Maske!

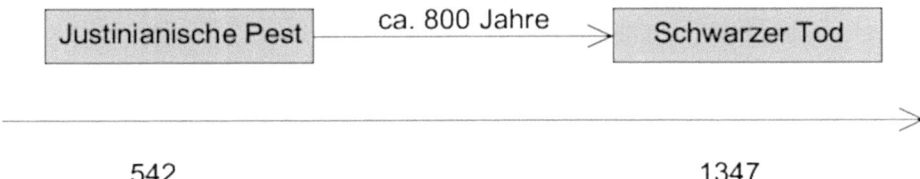

Grafik 7: Die größten Pestseuchen im Abstand von ca. 800 Jahren

30

Bei den Geschichten über die massenweisen Pestseuchen ist der erfundenen offiziellen Geschichte ein schwerer Fehler unterlaufen. Es gibt häufig Pestseuchen in der Antike. Es gibt massenweise Pestseuchen ab 1347. Aber man hat vergessen, Pestseuchen in den ca. 600 Jahren zwischen etwa 750 und 1347 in den Schriftquellen unterzubringen.

Es gibt weder bei Karl dem Großen und den Karolingern, noch bei den Kaiserdynastien der Ottonen und Saliern oder den Märchenkönigen Friedrich I. und Friedrich II., den Staufern, irgendwelche Pestseuchen. Das glorreiche deutsche Mittelalter ist vollkommen pestfrei! Auch der Rest Europas dieser erfundenen Zeit.

Aber nach neuesten Forschungsergebnissen sind die Pesterreger der Justinianischen Pest (im 6. Jahrhundert verortet) nach Auswertung von Grabfunden, die zum 6. Jahrhundert gehören sollen, nahe verwandt mit den Pesterregern von 1347, so dass definitiv keine 800 Jahre dazwischen liegen können, und auch nicht volle 600 Jahre dazwischen ohne überhaupt keinen Pestausbruch. Wissenschaftlich nachvollziehbar wären wenige Jahrzehnte dazwischen oder zeitgleich.

So ergab eine Studie von 2011, dass der Erreger der Pestepidemie 1347-1351 (Yersinia pestis) frühestens im 13. Jahrhundert bei Menschen aufgetreten sein kann [Nature 2011]. Es wurde aber DNA desselben Erregers auch in Gräbern gefunden, die dem 6. Jahrhundert zugerechnet werden (Justinianische Pest, seit 541 n. Chr.) [Phys. Anthropol. 2005].

Mit der traditionellen Chronologie der offiziellen Geschichte kann das nicht erklärt werden. Solche Fehler sind aber bei einer Konstruktion der Geschichte am Schreibpult zu erwarten. Schließlich kann man nicht auf alles achten.

Karl der Große Fiktive

Karls Fehlzeit im Hochmittelalter

Im Frankenreich herrschte gemäß offizieller Geschichte nach Beseitigung der römischen Herrschaft ab dem 5. Jahrhundert zunächst die Dynastie der Merowinger und vom 8. bis 10. Jahrhundert dann die Dynastie der Karolinger. Als erster Karolinger gilt Karl Martell (ca. 688 – 741), der ab 715 Hausmeier (Chef der Verwaltung) des Teilreiches Austrasien und ab 718 Hausmeier des Gesamtreiches war und damit der faktische Herrscher des Frankenreiches. Karl Martell ist der erste in Schriftquellen nachweisbare Herrscher mit Namen Karl.

Karl Martells Sohn Pippin der Jüngere wird dann im Jahre 751 der erste König der Dynastie der Karolinger. Und dessen Sohn Karl der Große war ab 768 König des Frankenreiches. Im Jahre 800 wird er in Rom vom Papst zum Kaiser gekrönt. Ihm folgte weitere Könige der nach Karl Martell benannten Karolinger-Dynastie mit Namen Karl.

Kaiser Karl III. (876-887), der Dicke, war im Ostfrankenreich der letzte König der Karolinger mit Namen Karl. Der letzte Karolinger-König überhaupt mit Namen Karl war Karl III. (898-923), der Einfältige, König des Westfrankenreiches. Anfang des 11. Jahrhunderts starben dann die Karolinger insgesamt in männlicher legitimer Linie aus.

Der nächste französischstämmige König mit Namen Karl war dann erst über 300 Jahre später Karl I. von Anjou (1226-1285), König von Sizilien aus der Kapetinger-Dynastie. Er wird als letztgeborener Sohn des französischen Königs Ludwig VIII. (1187-1226) angesehen, wobei die genauen Umstände der Geburt umstritten sind.

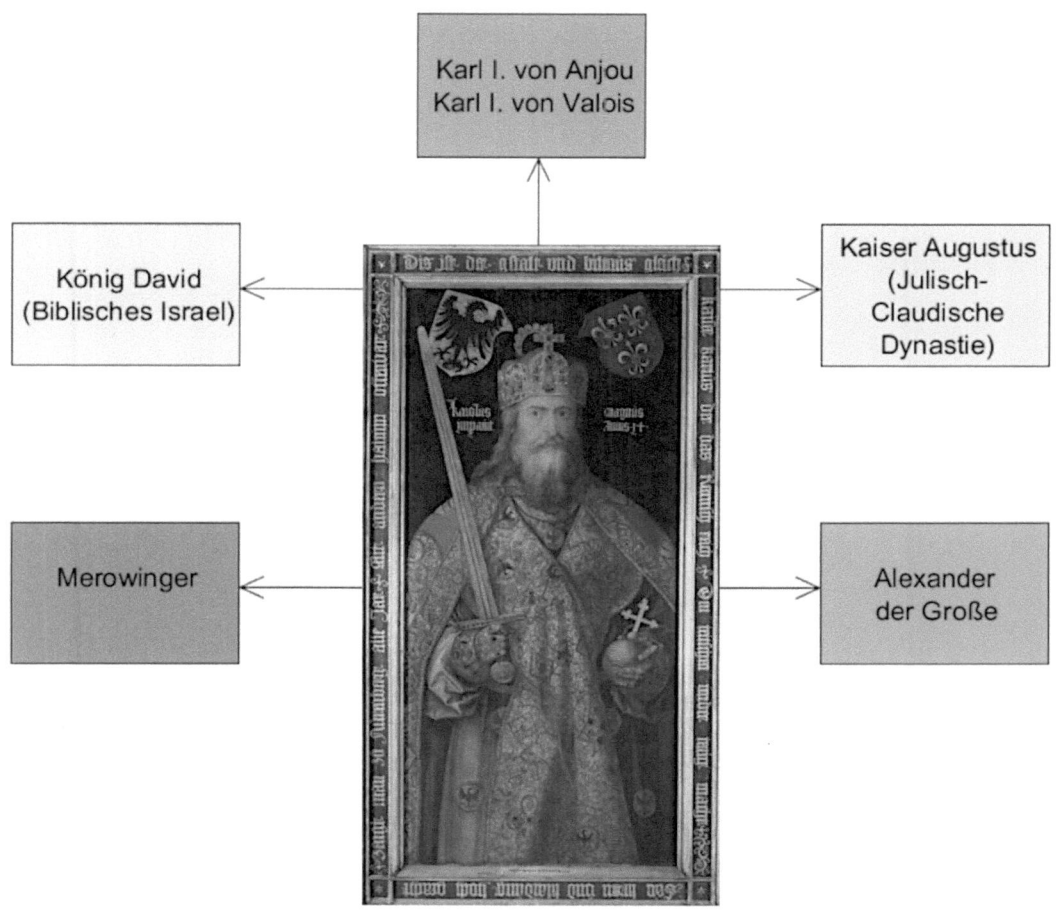

Grafik 8: Die Quellen für die Kunstfigur der Geschichte "Karl der Große".
Auf die einzelnen Quellen wird im Folgenden näher eingegangen.

In den ostfränkischen und römisch-deutschen Adelshäusern gab es während des Hochmittelalters nicht nur keinen einzigen König mit Namen Karl gibt, nein, kein einziges Mitglied einer Herrscherdynastie trägt den Namen Karl. Kein einziger Konradiner, Ottone, Salier, Welfe, Nassauer, Wittelsbacher, Habsburger, Luxemburger oder Staufer usw. trug bis zum römisch-deutschen König Karl IV. (geb. 1316) den Namen Karl.

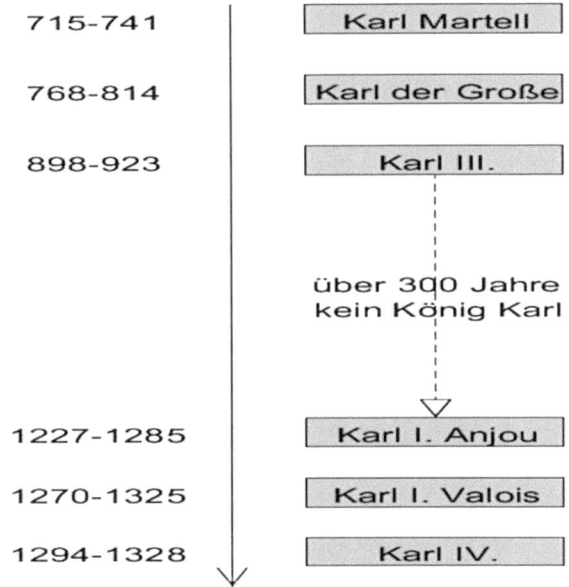

Grafik 9: Von Karl Martell zu Karl IV. mit über 300 Jahren karlsloser Zeit

Für die offizielle Geschichte unerklärbar fehlt der Name Karl nach den karolingischen Königen im 10. Jahrhundert. Und das bei einem volkstümlichen, germanischen Namen, der *Karl* ja nach offizieller Geschichte sein soll.

Vor dem Autor ist lediglich A. Bach das seltsame Fehlen des Namens Karl nach dem Frühmittelalter aufgefallen. Unter den 1000 Studenten der Universität Köln im 14. und 15. Jahrhundert findet er z.B. keinen einzigen Karl [Bach 1943, S. 351].

Bis zum Beginn des 17. Jahrhundert scheint der Name Karl nur vereinzelt ergeben worden zu sein. Eine wachsende Beliebtheit des Namens Karl kann Bach erst nach 1610 feststellen, nach der Heiligsprechung eines anderen Karls, des Kardinals von Mailand Karl Borromäus.

Karl der Große war nun sowohl König und Kaiser als auch Heiliger. Warum also findet man dann seinen Namen nach dem Aussterben der Karolinger erst so spät wieder?

34

Der verdoppelte Karl als Chronologie-Fehler

1.) König Karl I. aus Franken, auch genannt "der Große", stirbt 814, und

König Karl I. von Anjou, auch genannt "der Große", auch Regent von Frankreich, stirbt 1285 (Abstand 471 Jahre).

2.) König Karl I. aus Franken, auch genannt "der Große", wird Weihnachten 800 vom Papst in Rom gekrönt, und

König Karl I. von Anjou, auch genannt "der Große", auch Regent von Frankreich, wird (orthodoxes) Weihnachten 1266 vom Papst in Rom gekrönt (Abstand 466 Jahre).

Nach der Teilung des Frankenreiches 843 regiert ein Bayer Ludwig als ostfränkischer König 33 Jahre lang (genannt Ludwig II., der Deutsche), mit einem Nachfolger Karl. Und ab 1314 regiert ein Bayer Ludwig als römisch-deutscher König 33 Jahre lang, mit einem Nachfolger Karl. Zwischen 843 und 1314 liegen auch wieder 471 Jahre.

Da drängt sich einem förmlich der Verdacht auf, dass es sich bei den beiden Königen Karl und den beiden Königen Ludwig aus Bayern um dieselben Personen handeln könnte. Darüber hinaus sind weitere Parallelen wichtig – siehe Grafik 10.

Diese Parallelen enden im Frankenreich im Jahre 929, als der westfränkische König Karl III. stirbt. Genau zu diesem Zeitpunkt beginnt auch das französische System der Königsnamen mit den 3 x 131 Jahren (dazu später mehr).

Genau 471 Jahre später, im Jahre 1400, wird der römisch-deutsche König Wenzel abgesetzt. Dieser ist ein Namensvetter seines Vorgängers Karl IV., dessen Geburtsname auch Wenzel war. Interessanterweise wurde auch der 471 Jahre vorher lebende König Karl III. abgesetzt, sechs Jahre vor seinem Tod.

Ein Jahr, bevor Ludwig IV. König wird, im Jahre 1313, endet das römisch-deutsche System der Königsnamen, das im Jahre 911 beginnt (dazu später mehr). Der König, der zuvor herrschte, war auch ein Ludwig aus Bayern, auch mit der Nummerierung IV.

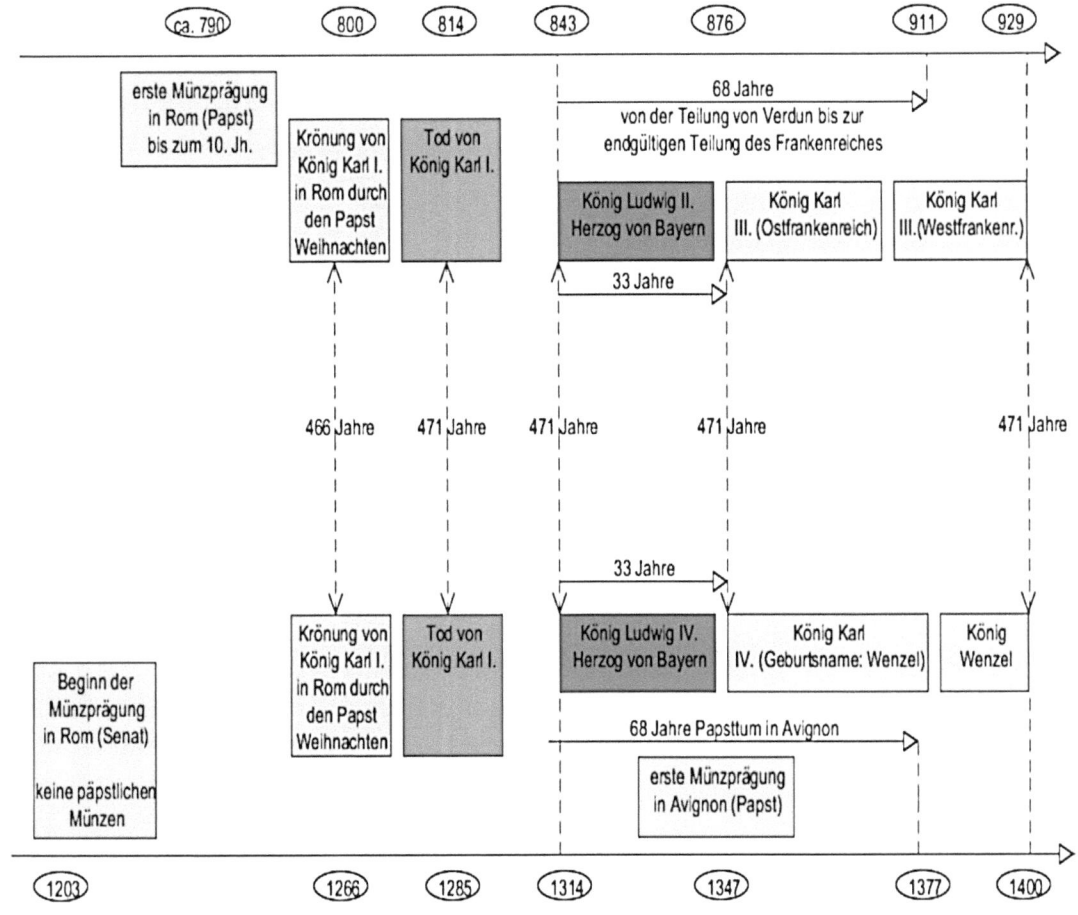

Grafik 10: Die Parallelen im Abstand von 466/471 Jahren im 8.-10. und 13.-14. Jahrhundert.
Oben Rom/Italien und Frankenreich, unten Rom/Italien und Heiliges Römisches Reich

Darüber hinaus gibt es weitere auffällige Übereinstimmungen im ähnlichen Zeitabstand [Arndt 2020/1], u. a. auch in der äthiopischen Geschichte. Für diese hatte bereits O. Neugebauer einen Chronologie-Fehler nachgewiesen. In der äthiopischen Geschichte wiederholen sich Daten identischer Herrscher im Abstand von 456 Jahren.

"Von zentraler Bedeutung ist die Tatsache, dass man für viele äthiopische Herrscherdaten zwei sehr unterschiedliche Daten findet, die immer 456 Jahre auseinander liegen." [Neugebauer, S. 55]

Wenn man ein anderes Jahr für die Erschaffung der Welt berücksichtigt, als in den bisherigen Rechnungen angenommen wurde, ergibt sich für den äthiopischen Chronologie-Fehler ebenfalls ein Abstand von 471 Jahren.

Im späteren Kapitel *Die erfundene Chronologie der Antike* wird gezeigt, dass die wichtigsten Zeitrechnungen der Antike nach einem klaren Plan aufeinander abgestimmt sind. Dabei spielt die Zahl 529 eine entscheidende Rolle.

Die um 471 Jahre abweichende Datierung der Todesjahre von Karl dem Großen (814) und Karl I. von Anjou (1285) sowie den Beginn der Herrschaft von König Ludwig II. (843) und König Ludwig IV. (1314) ergibt sich mit den Zahlen 529 und 1000 wie folgt:

$814 + 1000 - 529 = 1285$ bzw. $1285 - 1000 + 529 = 814$

und

$843 + 1000 - 529 = 1314$ bzw. $1314 - 1000 + 529 = 843$.

Alle diese Verdopplungen im Abstand von 456-476 Jahren haben offensichtlich ihre Ursache in der Konstruktion der Zeitrechnungen und damit der Chronologie – Kapitel *Die erfundene Chronologie der Antike*.

In einigen Ländern wurden dann diese Duplikate mit Schriftquellen ausgestattet, so dass sie heute als zwei unterschiedliche Personen/Ereignisse in den Geschichtsbüchern der offiziellen Geschichte stehen, wie z. B. Karl der Große und Karl I. von Anjou. In Äthiopien ist dies z. B. nicht geschehen, so dass heute keiner daran zweifelt, dass es sich um ein- und dieselben Personen handelt, und die Verdopplung nur ein Chronologie-Fehler ist.

Karl I. von Valois

Karl I. von Valois (1270-1325) ist Stammvater des Hauses Valois, und damit aller Könige von Frankreich von 1328 (Philipp VI.) bis 1589. Er war nach offizieller Geschichte (Titular-)Kaiser von Konstantinopel, (Titular-)König von Aragon, zeitweise Regent von Frankreich sowie Statthalter in Italien usw. Er führte gerne und oft Krieg in allen genannten Territorien. Das verbindet ihn mit Karl dem Großen und mit Karl I. von Anjou.

Die Urgroßmutter von Karl I. von Valois hieß Blanche und kam aus Spanien (sowohl Großvater als auch Urgroßvater heißen Ludwig). Der Sage von "Flor und Blancheflor" nach war Blancheflor die Großmutter von Karl dem Großen und stammt aus Spanien.

Blanche von Kastilien war die Frau von König Ludwig dem Löwen (1187-1226), mit dem nach offizieller Geschichte die karolingische Erneuerung begann – und er zeugte den ersten Karl. Sie ist die Mutter von Karl I. von Anjou, dem ersten Karl nach den Karolingern, welcher damit Großonkel von Karl I. von Valois ist. Karl Martell als erster Karolinger war Großvater von Karl dem Großen.

Diese Statue von Karl I. von Valois (1270-1325) passt ausgezeichnet zu den Carolus-Münzen:

Abb. 25: Kopf der Statue von Karl I. von Valois in St. Denis (Grab)

Abb. 26: Silber-Denier, Abbildung von KAROLUS IMP AVG (Karl dem Großen zugeschrieben)

Abb. 27: Karl der Große von Albrecht Dürer (1510). Dieses Bild unterscheidet sich noch von späteren Phantasie- und Idealbildern, entspricht aber perfekt den Porträts auf den Münzen, die Karl dem Großen zugeschrieben werden, sowie der Statue von Karl von Valois

Karl I. von Anjou

Karl I. von Anjou (1227-1285) dagegen sieht Karl Martell täuschend ähnlich. Er hat ein kantiges Gesicht im Gegensatz zum runden Gesicht von Karl I. von Valois und Karl I. dem Großen. Auch die Nase und das Kinn haben praktisch die gleiche Form, wenn man sich den Bart wegdenkt. Interessanterweise ist sogar der Haarschnitt identisch.

Abb. 28: Statue von Karl I. von Anjou

Abb. 29: Kopf der Statue von Karl Martell in St. Denis (Grab)

39

Dazu passt, dass es im 13. Jahrhundert auch noch einen weiteren Karl von Anjou gab, Karl Martell (1271-1295), nach offizieller Geschichte Enkel von Karl I. (vielleicht mit diesem identisch?). Er war auch König von Sizilien und gekrönter König von Ungarn, konnte sich dort aber nicht durchsetzen, so dass er heute nur als ungarischer Titularkönig gilt.

In ungarischen Schriftquellen wird Karl I. von Anjou, der Großvater von Karl Martell, als "Carolus Magnus", also "Karl der Große", bezeichnet [Archiv 1900, S. 437]. Im 9. Jahrhundert ist Karl Martell der Großvater von Karl dem Großen, also genau umgekehrt.

Karl I. von Anjou war der mächtigste Herrscher Europas seiner Zeit und wird von Historikern mitunter als "ungekrönter Kaiser des Abendlandes" bezeichnet.

Die Phantomreflexionen

Der König (REX) und Kaiser (IMP AVG) Karl I. von Valois (1270-1325), der Stammvater aller französischen Könige nach ihm bis 1589, und sein Großonkel Karl I. von Anjou (REX, der erste französischstämmige König mit Namen Karl) sind also die Modelle für Karl den Großen und Karl Martell, dem ersten Karl überhaupt und Großvater von Karl dem Großen.

Es handelt sich hier um Phantomreflexionen im Sinne des Geschichtsanalytikers A. Fomenko [Fomenko 2003].

Die Rückprojektion der Daten von Karl I. von Anjou und Karl I. von Valois auf Karl Martell und Karl den Großen erfolgte nicht immer 1:1. Bekanntermaßen werden auch in der Geschichtsschreibung Karl Martell und Karl der Große nicht immer scharf getrennt. Karl Martell wird in einigen Quellen auch als König (rex) bezeichnet.

Zwei wichtige Lebensdaten von Karl I. von Anjou passen in das Raster 466/471 Jahre Differenz zu Karl dem Großen, die Krönung und der Tod. Vom Aussehen her ist er allerdings Karl Martell äußerst ähnlich, während gleichzeitig Karl I. von Valois dem großen Karl auf den Münzen und dem Dürerbild von 1510 verblüffend ähnlich sieht und auch nur als Kaiser (IMP AVG) in Frage kommt.

Der Vater von Kaiser Karl I. von Valois hieß Philipp, ebenso sein ältester Sohn. Der Vater von Karl dem Großen hieß Pippin, ebenso sein ältester Sohn.

Pippin ist nach Ansicht des Autors ganz einfach eine altfranzösische Kurzform vor Philipp (ähnlich der italienischen Kurzform Pippo).

Karl I. von Valois hat zudem eine Mutter mit Namen Elisabeth (Isabella), was "Bertha", der Mutter von Karl dem Großen ziemlich ähnelt (heutige slawische Kurzformen z. B. "Beta").

Die (Ur-)Großmutter Blanche(flor) aus Spanien bei beiden wurde ja bereits erwähnt. Bei den nicht ganz identischen Namen muss man beachten, dass die Namensschreibung früher nicht standardisiert war.

Feldzüge in Frankreich, Italien und Spanien sind sowohl für Karl I. von Anjou und Karl I. von Valois als auch für Karl den Großen überliefert, so dass die Phantomreflexionen hier passen.

	Karl der Große	Karl I. von Valois	Karl I. von Anjou
Vater	Pippin	Philipp (kurz Pippin)	
Mutter	Bertha	Elisabeth (kurz Beta)	
Ältester Sohn	Pippin	Philipp (kurz Pippin)	
(Ur-)Großmutter	Blancheflor aus Spanien	Blanche aus Spanien	
Bildnis	Identisch	Identisch	
Kriegsherr und Titelsammler	Identisch	Identisch	Identisch
1. König Karl	1. König Karl		1. König Karl (nach den Karolingern)
"der Große" genannt	"der Große"		"der Große"
Krönung in Rom durch den Papst Weihnachten	800		(orthodox) 1266 (466 Jahre später)
Tod	814		1285 (471 Jahre später)

Tab. 2: Die Zusammensetzung der Lebensdaten von Karl dem Großen

Interessanterweise gibt es aber auch mehrere Schriftquellen, in denen berichtet wird, Karl der Große hätte einen oder zwei Kreuzzüge ins Heilige Land unternommen. Ansonsten sind Kreuzzüge nur für Karl I. von Anjou überliefert. Diese Schriftquellen werden aber heute nicht von der offiziellen Geschichte anerkannt und der Historiker J. Fried spricht von einer "implantierten Erinnerung". Die Phantomreflexion von Karl I. von Anjou auf Karl den Großen passt hier der offiziellen Geschichte nicht.

Die Karolinger und das biblische Israel

Die Geschichten um Karl den Großen sowie seine Vorgänger und Nachfolger sind ganz offensichtlich mit Bezugnahme auf das biblische Israel konstruiert worden. Der Zeitraum der ersten drei karolingischen Könige Pippin, Karl und Ludwig ist von den alttestamentlichen Büchern Samuel und 1. Könige inspiriert worden, und damit den ersten drei Königen von Israel vor der Teilung: Saul, David und Salomo.

Bereits Fomenko hatte die Könige der Reiche Israel und Juda nach der Teilung Israels ca. 931 v. Chr. und die Könige des Heiligen Römischen Reiches vom 10. - 13. Jahrhundert miteinander verglichen. Die Karolinger-Zeit davor hat er jedoch nicht behandelt bzw. nur im Zusammenhang mit der antiken Römerzeit gesehen [Fomenko 2003, S. 280 ff.].

Dass Karl der Große die Franken mit den alten Israeliten verglichen, und sich selbst als neuen David gesehen hat, ist nicht neu. Er ließ sich sogar am Hofe als "neuer David" anreden. Die tatsächlichen Parallelen gehen aber darüber hinaus, und sehen eher wie eine Geschichtskonstruktion aus.

Als erster Herrscher Israels wird Saul vom höchsten Priester gesalbt. Die ersten drei Könige Israels waren Saul, David und Salomo (= der Friedfertige). Danach folgte die Teilung des Reiches.

Als erster Herrscher der Karolinger wird Pippin vom höchsten Priester (Papst) gesalbt. Bei den Karolingern waren die ersten drei Könige Pippin, Karl und Ludwig der Fromme. Danach folgte die Teilung des Reiches.

Wir haben hier also eine identische Strukturierung der Geschichte Israels von König Saul über König David und Salomo bis zur Reichsteilung nach Salomos Tod und des Karolingerreiches von Pippin über Karl und Ludwig bis zur Reichsteilung nach Ludwigs Tod vorliegen. Weitere Parallelen in Tabelle 3:

Israel	Karolinger und Heiliges Römisches Reich	Bemerkungen
1. König Saul	1. König Pippin	Als erster Herrscher Israels und des Frankenreiches rituell gesalbt
Esbaal ist kurzfristig im Norden König	Karlmann ist kurzfristig im Süden König	"Kleine Teilung", die nur kurzfristig ist und ohne Einfluss bleibt, nach dem Tod des ersten Königs
2. König David (= Liebling)	2. König Karl der Große (Carolus = Liebling = David); er verglich sich mit David, aber auch mit Josia = Karl I. von Anjou nach Fomenko	Große Krieger; Expansion des Reiches und Höhepunkt der Machtfülle; Vorbilder für spätere Könige
3. König Salomo (= der Friedliche)	3. König Ludwig der Fromme	Konsolidierung und Gesetzgebung
Bau des Tempels zu Jerusalem	Bau der Aachener Pfalzkapelle	Errichtung eines für die nächsten ca. 1000 Jahre symbolisch wichtigen Kirchenbaus innerhalb von ca. 7 Jahren
Saul => Salomon: ca. 1079 - 931 v. Chr.	Pippin => Ludwig: 751 - 840 (911) AD (Ludwig IV. 900-911)	Bei den 3 Königen sind noch heidnische Elemente vorhanden, was in den Quellen immer betont wird: Rückfall in alte Gebräuche; Abfall vom richtigen Glauben; Polygamie
ca. 930 v. Chr. Teilung des Reiches Israel und Juda	843 AD Teilung des Reiches (911 AD endgültige Teilung) West- und Ostfrankenreich	Nach dem Tod des 3. Königs Teilung des Reiches
931 BC – 597 v. Chr.	843 / 911 AD – 1309 AD	Zeit von der Teilung des Reiches bis zur Babylonischen Gefangenschaft; 3 x 113 Jahre im Heiligen Römischen Reich sowie 3 x 131 Jahre in Frankreich; in 403 Jahren 31 Könige mit 13 Namen: 31 x 13 = 403
597 – 539 v. Chr. Babylonische Gefangenschaft	1309 – 1377 AD Papstsitz Avignon, auch Babylonische Gefangenschaft genannt	Babylonische Gefangenschaft

Tab. 3: Vergleich Israel und Karolingerreich/Heiliges Römisches Reich

Kaiser Augustus und Karl der Große

Auf die Auffälligkeiten der Strukturierung der Lebensdaten von Kaiser Augustus und Karl dem Großen im 800- Jahres-Abstand wurde auch schon am Anfang eingegangen.

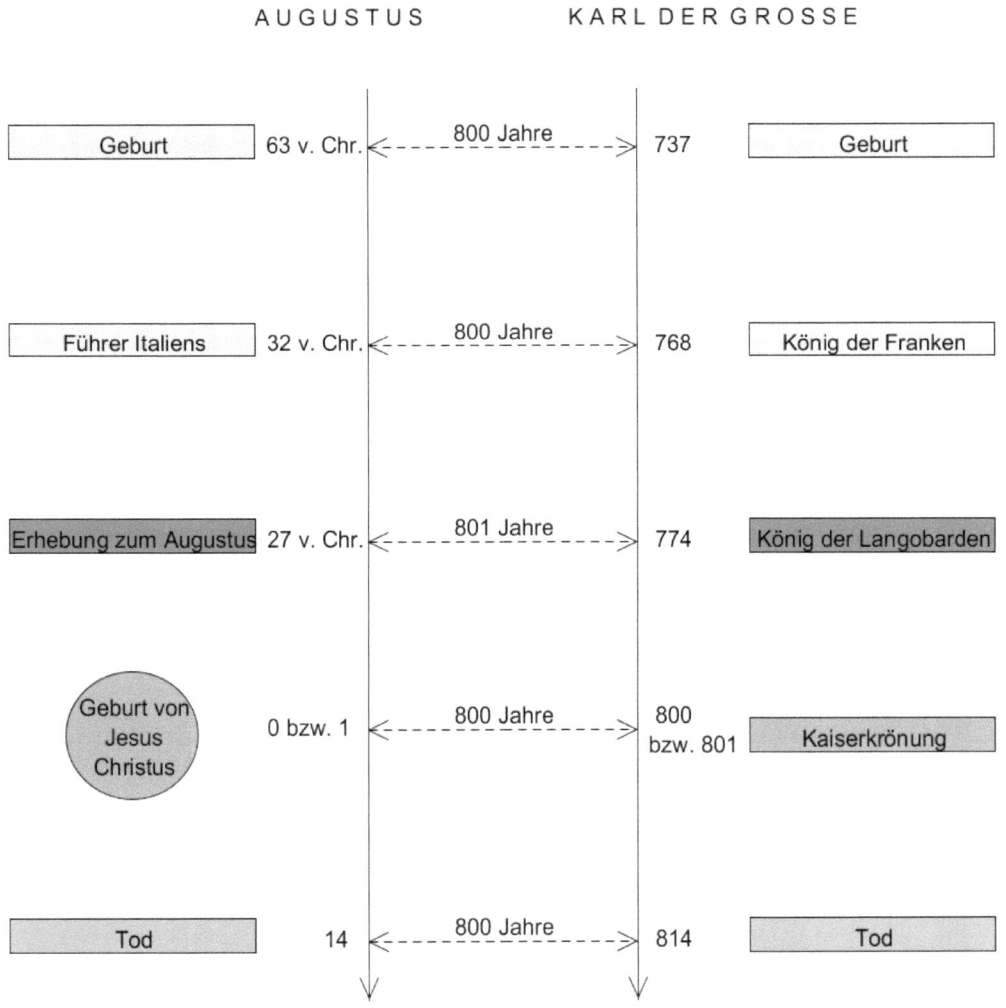

Grafik 9: Die Leben von Kaiser Augustus und Karl dem Großen mit wichtigen Ereignissen im Abstand von jeweils 800 Jahren. Dazu die Geburt von Jesus Christus.

Die erfundenen Königslisten des Mittelalters

Die Strukturanalyse

Abb. 30: Kaiser Otto III. - Slavinia, Germania, Gallia und Roma huldigen Kaiser Otto III.

Mit Hilfe der *Strukturanalyse* wird untersucht, ob sich in der Abfolge von Herrschern sowie anderer markanter Ereignisse Muster und Strukturen befinden.

Unter einem Muster wird ein Schema, eine wiederholbare Struktur, verstanden ("Mathematik ist die Wissenschaft von den Mustern" [Devlin 2003]).

Eine Musterfolge liegt vor, wenn Objekte nach einer bestimmten Regel wiederholt werden. Hier unterscheidet man sich wiederholende Musterfolgen (englisch: repeating pattern) und wachsende Musterfolgen (englisch: growing pattern).

45

Muster: ein Schema, eine wiederholbare Struktur

Eine Musterfolge liegt vor, wenn Objekte nach einer bestimmten Regel wiederholt werden

○ △ □ ○ △ □

Sich wiederholende Musterfolge

KH1 KH1

Sich wiederholende Musterfolge

○ ○ ○ ○
  ○ ○ ○
    ○ ○
      ○

Wachsende Musterfolge

1 2 3 4

Wachsende Musterfolge

KH1H KH2H KH3H KH4H

Kombination aus sich wiederholender Musterfolge
KH[Zahl]H KH[Zahl]H KH[Zahl]H KH[Zahl]H
und
wachsender Musterfolge Zahl = 1 2 3 4

Dies ist die Musterfolge der Könige des
Heiligen Römischen Reiches von 911 – 1313.

K = König mit Namen Konrad
H = König mit Namen Heinrich

Die Analyse zeigt z.B., dass die Namen der römisch-deutschen Könige von 911 bis 1313 nach folgender Kombination von sich wiederholender und wachsender Musterfolge (engl. repeating pattern und growing pattern) angeordnet sind:

a. Konrad
b. Heinrich
c. Liste beliebiger Namen der Länge x, wobei x+1 die Länge des nachfolgenden Abschnitts ist, mit x1=3. Dies ist also eine rekursive Definition mit x2=4, x3=5, x4=6.
d. Heinrich

Dieses Muster wiederholt sich in der genannten Zeit insgesamt viermal und lässt sich also durch einen Algorithmus beschreiben. Genau in der Mitte ist Lothar III. angeordnet.

Ergebnis der Strukturanalyse, die auf den nachfolgenden Seiten für ganz Europa durchgeführt wird: Es gibt in allen mittelalterlichen christlichen Reichen Europas, die bis in die Renaissancezeit hinein existierten, den gleichen Befund. Bis in das 13./14. Jahrhundert hinein sind die Könige usw. recht wohlstrukturiert angeordnet. Bis ins 15. Jahrhundert werden diese Strukturen in einigen Ländern weitergeführt, werden aber unsauber. In Schweden, Russland, England geht das bis in das 16./17. Jahrhundert.

Objektiv nachweisbare, von jedem nachvollziehbare Strukturen sind für die Wissenschaft relevant. Insbesondere dann, wenn ihr Vorhandensein bei einem "natürlichen" Ablauf der Geschichte derart unwahrscheinlich ist, und diese nur in bestimmten Epochen auftreten. So gibt es diese Strukturen in der Abfolge der Könige und anderer Herrscher in der jüngeren Geschichte ab dem 18. Jahrhundert überhaupt nicht mehr.

		Ludwig IV.	
	911	Konrad I.	
	919	Heinrich I.	
	936	Otto I.	Kaiser
	961	Otto II.	Kaiser
	983	Otto III.	Kaiser
	1002	Heinrich II.	Kaiser
+ 113 (+/- 1) J.	1024	Konrad II.	Kaiser
	1028	Heinrich III.	Kaiser
	1053	Heinrich IV.	Kaiser
	1077	*Rudolf von Rheinfelden*	
	1081	*Hermann von Salm*	
	1087	Konrad (III.)	
	1099	Heinrich V.	Kaiser
	1125	Lothar III.	Kaiser
+ 113 (+/- 1) J.	1138	Konrad III.	
	1147	Heinrich (VI.)	
	1152	Friedrich I.	Kaiser
	1169	Heinrich VI.	Kaiser
	1198	Philipp von Schwaben	
	1198	Otto IV.	Kaiser
	1212	Friedrich II.	Kaiser
	1222	Heinrich (VII.)	
danach (ab Wilhelm von Holland alle Könige auch gekrönt)	1237	Konrad IV.	
	1246	*Heinrich Raspe*	
	1248	Wilhelm von Holland	
	1257	Richard von Cornwall	
	1257	*Alfons von Kastilien*	
	1273	Rudolf I.	
	1292	Adolf von Nassau	
	1298	Albrecht I.	
	1308	Heinrich VII.	Kaiser
	1313		
	1314	Ludwig IV.	

Tabelle 4: Das System der Königsnamen im Heiligen Römischen Reich 911-1314

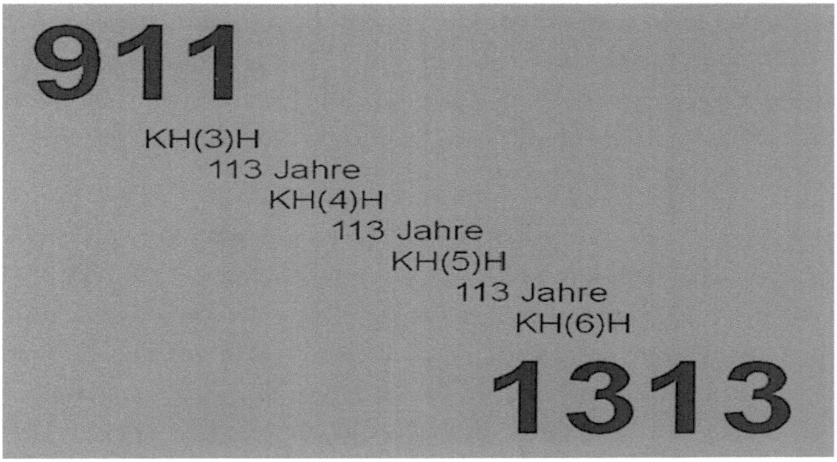

Grafik 10: Das System der römisch-deutschen Könige von 911-1313

Neuzeitliche "Kontrollgruppen" in England und in den USA

Sieht man sich neuzeitliche Listen der Namen der aufeinanderfolgenden Regenten eines Landes an, so wird man nicht erwarten, dass diese nach einem bestimmten Muster angeordnet sind, oder eine irgendwie geartete Struktur aufweisen. Hier z.B. die Liste der Namen aller Königinnen und Könige von Großbritannien von 1707 bis heute:

1707	Anne
	Georg I.
	Georg II.
	Georg III.
	Georg IV.
	Wilhelm IV.
	Victoria
	Eduard VII.
	Georg V.
	Eduard VIII.
	Georg VI.
	Elisabeth II.
	Charles

Tabelle 5: Die Namen der Könige und Königinnen von Großbritannien von 1707 bis 2023

49

Hier ist keine Struktur vorhanden. Die einzige Regelmäßigkeit besteht im zweimaligen Aufeinanderfolgen von Eduard und Georg. Diese alternierenden Namenswiederholungen lassen sich jedoch ganz einfach aufgrund bestimmter Leitnamen einer Dynastie und durch bewusste Nachbenennungen erklären und sind daher nicht Thema des Buches.

Von 1714 (Georg I.) bis heute herrschten in Großbritannien durchgängig das Haus Hannover sowie ab dem Sohn von Königin Victoria, Eduard VII., das Haus Sachsen-Coburg und Gotha (im Ersten Weltkrieg in "Windsor" umbenannt). Georg I. war der Dynastiegründer, so dass sein Name bei der Namensvergabe dominant wurde und am häufigsten anzutreffen ist. Das erstmalige Auftreten von Eduard folgt einer bewussten Wahl des Königsnamens bei der Thronbesteigung. Der Geburtsname von Eduard VII. war eigentlich Albert Eduard und in der Familie wurde er "Bertie" genannt (Kurzform von Albert).

Der Name Eduard war bereits in der mittelalterlichen englischen Geschichte bis Eduard VI. (1547-1553) ein wichtiger Name. Von 899 (Eduard der Ältere) bis 1461 (Eduard IV.) trägt jeder 7. König den Namen Eduard (wenn man die Zeit der Normannen von 1066-1154 als Sonderfall betrachtet). Dies wird ab Seite 67 ausführlich beschrieben.

Als ein weiteres Beispiel für die nicht vorhandene Strukturierung der Namen der Herrscher in der Moderne werden im Folgenden die Präsidenten der USA von 1789-2018 aufgelistet. Jeder Name wird nur einmal aufgeführt, beim ersten Regierungsantritt. Diese Regel gilt übrigens auch für alle weiteren im Buch verwendeten Herrscherlisten.

Es gibt einige Namen von Präsidenten, die durchgängig vom 18/19. bis zum 20./21. Jahrhundert auftreten: George, John, James, William. Die einzige Auffälligkeit ist, dass jeweils zwischen John I., II. und III. drei andere Präsidenten regieren. Da es sonst nichts Auffälliges gibt, kann man das bei der Zahl von insgesamt 45 Präsidenten als Zufall verbuchen.

Beginn	Ende	Name
1789	1797	George I.
1797	1801	John I.
1801	1809	Thomas
1809	1817	James I.
1817	1825	James II.
1825	1829	John II.
1829	1837	Andrew I.
1837	1841	Martin
1841	1841	William I.
1841	1845	John III.
1845	1849	James III.
1849	1850	Zachary
1850	1853	Millard
1853	1857	Franklin I.
1857	1861	James IV.
1861	1865	Abraham
1865	1865	Andrew II.
1869	1877	Ulysses
1877	1881	Rutherford
1881	1881	James V.
1881	1885	Chester
1885	1889	Grover
1893	1897	
1889	1893	Benjamin
1897	1901	William II.
1901	1909	Theodore
1909	1913	William III.
1913	1921	Woodrow
1921	1923	Warren
1923	1929	Calvin
1929	1933	Herbert
1933	1945	Franklin II.
1945	1953	Harry
1953	1961	Dwight
1961	1963	John IV.
1963	1969	Lyndon

Beginn	Ende	Name
1969	1974	Richard
1974	1977	Gerald
1977	1981	James VI.
1981	1989	Ronald
1989	1993	George II.
1993	2001	William IV.
2001	2009	George III.
2009	2017	Barack
2017	2021	Donald
2021		Joseph

Tabelle 6: Liste der Präsidenten der USA von 1789-2023

Dieser Befund einer fehlenden Strukturierung in der Abfolge der Namen, außer leicht erklärbar durch Leitnamen und bewusste Nachbenennungen, ist wenig erstaunlich und steht in Übereinstimmung mit der vorherrschenden Meinung in der Geschichtswissenschaft, die nicht von Gesetzmäßigkeiten oder einem planmäßigen Ablauf in der Geschichte eines oder mehrerer Länder ausgeht.

Sehr erstaunt ist man deshalb, wenn man die Listen der Herrscher des Mittelalters analysiert. Hier wird man nämlich in allen Reichen Europas, die bis in die Renaissancezeit existierten, inklusive des Byzantinischen Reiches (Kaiser von Konstantinopel), Strukturen erkennen, nach denen die Abfolge der Namen angeordnet ist, und deren Anfang und Ende historisch begründbar deutlich abgegrenzt ist.

Das "Römische Reich" von 911 - 1313

Zurück ins Heilige Römische Reich!

Es gibt eine zweite Strukturierung neben der Namensstruktur, eine Unterteilung der Zeit von 911 bis 1250 (339 Jahre) in drei gleich lange Abschnitte mit jeweils 113 Jahren (+/- 1), die jeweils die gekrönten Könige dieser Zeit umfassen (inkl. der ersten beiden, die erhoben wurden). Diese drei Abschnitte beginnen jeweils mit einem allein herrschenden König Konrad, dem Königsnamen nach dem beschriebenen Muster folgen und dessen zuletzt gekröntem König ein König Konrad des Folge-Abschnitts folgt. Berücksichtigt werden muss hierbei nur, dass Lothar III. genau in der Mitte des Namenssystems angeordnet ist und daher noch nach Heinrich V. steht.

Bei der möglichen Abweichung von einem Jahr muss man wissen, dass im Mittelalter der Jahresanfang nicht einheitlich geregelt war. Neben dem 1.1. waren auch der 25.12., der 25.3. sowie Ostern sehr verbreitet. In der Zeit von Friedrich II. wurde z.B. in der Reichskanzlei meistens der 25.3. als Jahresanfang verwendet.

Setzt man nun durchgehend einen rechnerischen einheitlichen Jahresanfang am 25.3., so passt das exakte 113-Jahres-Raster. Es handelt sich hier um eine zweite Strukturierung, die der Namensstruktur überlagert ist:

911: Konrad I.
+ 113 Jahre (6 Könige)
1024: Konrad II.
+ 113 Jahre (7 Könige + Lothar III.)
1137: Konrad III.
+ 113 Jahre (8 Könige)
1250: Tod von Friedrich II.,
dem letzten der 8 gekrönten Könige.

1250 ist auch Konrad IV. König. Dieser sollte nach dem Testament von Friedrich II. nach dessen Tode die Herrschaft im Reich übernehmen.

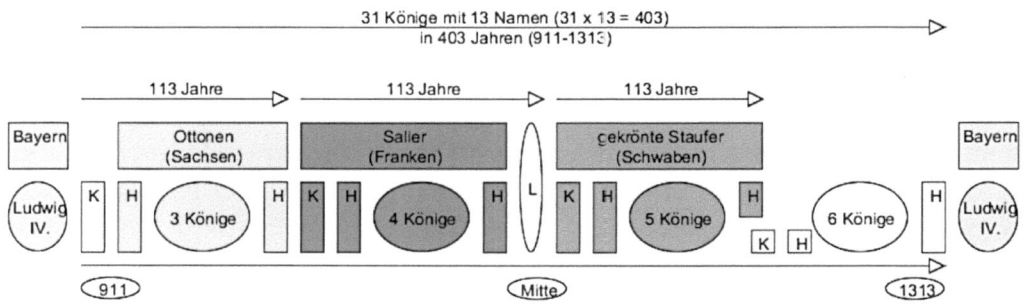

Grafik 11: Das System der römisch-deutschen Königsnamen von 911-1313

Das Ostfrankenreich und spätere Heilige Römische Reich hatte im Mittelalter fünf Stammesherzogtümer: Sachsen, Franken, Schwaben, Bayern und Lothringen ("Reich des Lothar"), von denen die ersten vier die großen Stämme Germaniens repräsentieren. Im System der Königsnamen von 911-1313 finden sich drei davon wieder: die Sachsen, die Franken und die Schwaben (Alemannen), die nacheinander jeweils einen der 113-Jahres-Abschnitte dominieren. Lothar ist als Ausnahme genau in der Mitte angeordnet. Und die Bayern finden wir mit den beiden Königen aus Bayern Ludwig IV. direkt vor 911 und direkt nach 1313 wieder.

Den artifiziellen Charakter dieser Struktur unterstreicht die Tatsache, dass sowohl Konrad I. und Konrad II. als auch Konrad III. Könige waren, die eine alte Dynastie ablösten und damit einer neuen Dynastie zum Durchbruch verhalfen, die den nachfolgenden Abschnitt dominiert.

Konrad I. war der erste König nach den Karolingern. Er war selbst zwar ein Franke, aber durch ihn kamen die sächsischen Ottonen an die Macht, die dann alle Könige des gesamten ersten Abschnitts bis zu Konrad II. stellten. Nach dem Geschichtsschreiber Widukind von Corvey ("Res gestae Saxonicae" I/XVI) hatten die Ottonen bereits zu Konrads Zeiten die faktische Macht.

Konrad II. zu Beginn des zweiten Abschnittes war der erste König aus der Dynastie der Salier, genau 113 Jahre nach Konrad I. Die Salier stellten, mit Ausnahme der beiden Gegenkönige, alle Könige des zweiten Abschnitts.

Konrad III. war dann, wiederum genau 113 Jahre nach Konrad II., der erste König aus der Dynastie der Staufer, die den dritten Abschnitt dominierten, bis zu Friedrich II. Als einziger König dieses Abschnitts war Otto IV. kein Staufer.

Eine solche Anordnung der drei dominierenden Dynastien des römisch-deutschen Hochmittelalters von 911-1250 in drei 113-Jahres-Abschnitten, die alle mit einem König mit identischem Namen Konrad beginnen, ist nur dadurch zu erklären, dass die Geschichte hier einer Idealvorstellung folgt, einer bewussten Konstruktion.

Interessant ist weiterhin, dass weder der Name Konrad noch der Name Heinrich vor 911 oder nach 1313 als ostfränkische oder römisch-deutsche Königsnamen auftauchen – genau im Gegensatz zum Namen Karl, bei dem es genau umge-kehrt ist. Dies ist also ein weiteres Muster des römisch-deutschen Mittelalters von 911-1313.

Insgesamt sind es also vier Muster, die perfekt aufeinander abgestimmt sind:

1) das Namensmuster
Konrad => Heinrich => x Könige => Heinrich, das sich viermal wiederholt (wie oben beschrieben),

2) das Muster mit den 113-Jahres-Abständen zwischen Konrad I., Konrad II., Konrad III. und (mit Einschränkungen) Konrad IV., wobei diese Konrads auch immer den Konrads nach Namensmuster entsprechen,

3) das Muster mit der Einordnung der drei vorherrschenden Dynastien (und damit der Stammesherzogtümer) in diese 113-Jahres-Abschnitte zwischen den Konrads,

4) das Muster der Verteilung der Königsnamen Konrad und Heinrich (nur zwischen 911-1313) sowie Ludwig und Karl (nur vor und nach 911-1313).

Das "Römische Reich" von Karl dem Großen bis zu Karl V.

Außerhalb von 911-1313 gibt es keine Könige mit Namen Konrad oder Heinrich mehr. Bei der Analyse der Zeiten davor und danach übernehmen andere Namen die Funktion der Namen Konrad und Heinrich. Dies sind die Namen Friedrich, Ludwig und Karl.

Beginnend von der Krönung Karls des Großen, 768, sind es 357 Jahre bis Lothar III. 1125 König wird. Er stirbt im Jahre 1137, 356 Jahre vor dem Tod des letzten Königs des Systems, Friedrich III. im Jahre 1493. Somit wurde die einzige Aus-nahme exakt in der Mitte platziert.

Vor Karl dem Großen (768) herrschte im Frankenreich sein Vater Pippin der Klei-ne, davor war faktisch seit 717 Karl Martell als "dux et princeps Francorum" der politische Führer des Landes. Karl Martell gilt als der erste Karolinger. Nach 1493 (Tod Friedrichs III.) herrschte im Heiligen Römischen Reich Maximilian I. Der Name Maximilian (der Größte) ist ein Antonym zu Pippin dem Kleinen, der vor

768 König war. Nach diesem Gegensatz klein/groß kommt vor Pippin Karl Martell, der erste Karolinger, und nach Maximilian Karl V. Es ist daher anzunehmen, dass das ganze System entweder frühestens während seiner Herrschaft (1520-1556) entworfen wurde, oder zumindest in wesentlichen Teilen erweitert wurde.

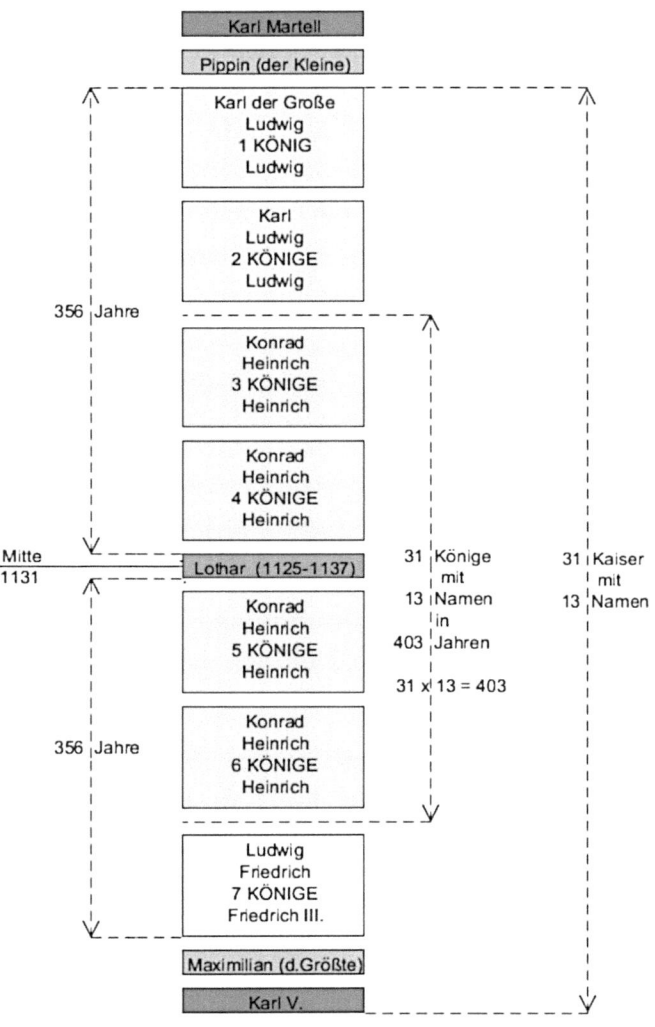

Grafik 12: Das ganze System von Karl Martell bis Karl V.

Abstrakte Beschreibung des gesamten Systems von Karl Martell bis Karl V.

Die Namen der Herrscher des (gesamten) Frankenreiches und ab 843 des Ost-frankenreiches und späteren Heiligen Römischen Reiches sind von 768-1493 nach folgendem Muster angeordnet:

a) X
b) Y
c) Liste beliebiger Namen der Länge x, wobei x+1 die Länge des nachfolgenden Abschnitts ist, mit x1=1. Dies ist also eine rekursive Definition mit x1=1, ..., x7=7.
d) Y

Dieses Muster wiederholt sich
in dieser Zeit siebenmal.

Von 768 und 911 gilt:
X = Karl, Y = Ludwig.

Von 911-1313 gilt:
X = Konrad, Y= Heinrich.

Von 1314-1493 gilt:
X = Ludwig, Y= Friedrich.

Und so sieht's dann aus:

Karl Martell (1. Karolinger)
Pippin (der Kleine)
....
XY(1)Y
XY(2)Y
XY(3)Y
XY(4)Y
XY(5)Y
XY(6)Y
XY(7)Y
....
Maximilian (der Größte)
Karl V.

57

Abb. 31: Jesus Christus übergibt Philipp II., auch genannt "Dieudonné", vom Himmel herab seinen Eltern, aus den *Grandes Chroniques de France*.

Die Geschichte der Könige Frankreichs des Hochmittelalters von 929 bis 1322 kann man in drei Abschnitte zu je 131 Jahren unterteilen (3 x 131 = 393 Jahre). Dabei ist die Struktur des französischen Systems ist nicht ganz so deutlich ausgeprägt wie die des römisch-deutschen.

Was in Deutschland Ludwig IV. ist, also der Name des Königs, der direkt vor und nach dem System herrscht, ist in Frankreich offensichtlich Karl mit den Nummern III./IV. Der Beginn ist also im Jahre 929, dem Todesjahr des letzten Karl vor dem System, von König Karl III., dem Einfältigen. 393 Jahre später ist das Ende, im Jahre 1322. In diesem Jahr beginnt der erste Karl nach dem System, Karl IV., seine Herrschaft.

	Tod Karls III.
Anno Domini 929	Rudolf v.Burgund Ludwig IV. Lothar Ludwig V. Hugo Capet Robert II. Hugo Heinrich I.
+ 131 Jahre (A.D. 1060)	Philipp I. Ludwig VI. Philipp Ludwig VII. Philipp II. Ludwig VIII. Ludwig IX. Philipp III. Philipp IV. Ludwig X. (Johann I. Postumus) Philipp V.
1322 (nach 3 x 131 Jahren)	Karl IV.

Tabelle 7: Das System der französischen Königsnamen 929-1322

Interessanterweise wird der Karolinger Karl III. genau 6 Jahre vor seinem Tod abgesetzt, und der Kapetinger Karl IV. wird genau 6 Jahre vor seinem Tod König. Und wie auch bei den römisch-deutschen Königen ist der erste König nach dem System zugleich auch der letzte seiner Dynastie. Nach Karl IV. folgt ab Philipp VI. das Haus Valois, ein Seitenzweig der Kapetinger, auf dem französischen Thron. Philipp VI. war Sohn des Dynastiegründers Karl I. von Valois und von Margarethe von Anjou, der Enkelin von Karl I. von Anjou.

Innerhalb der 393 Jahre sind die letzten zwei Abschnitte von zusammen 2 x 131 Jahren ab dem Jahre 1060 deutlich vom ersten 131-Jahres-Abschnitt getrennt. In Frankreich herrschen von 1060-1322 als Könige nur Philipps und Ludwigs, natürlich abwechselnd. Und wenn mal zwei Ludwigs nacheinander dran sind, folgen prompt auch zwei Philipps.

Einzige Ausnahme 1316: König Johann I., der erst nach dem Tode seines Vaters zur Welt kam und wenige Tage nach seiner Geburt starb. Die Regentschaft für ihn führte Philipp V.

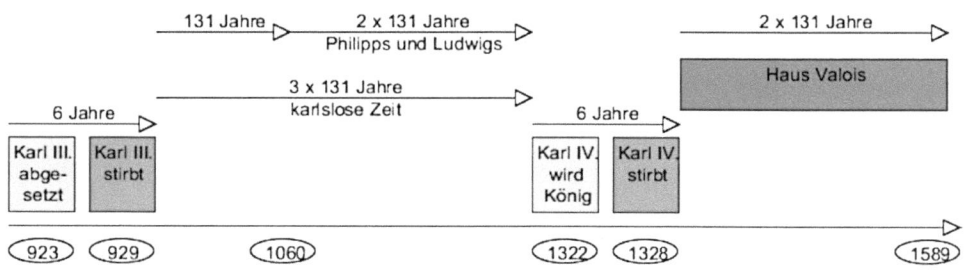

Grafik 12: Das System der französischen Königsnamen

In den letzten 2 x 131 Jahren gibt es von 1059-1316 Philipp-Ludwig-Paare mit identischen Amtszeiten:

−   Philipp I. und Ludwig VII.: 49 Jahre

−   Philipp II. und Ludwig IX.: 44 Jahre

−   Philipp IV. und Ludwig VI. 29 Jahre

Auch die danach liegenden Philipp VI. und Ludwig XI. sind jeweils für die gleiche Zeit König, nämlich jeweils 22 Jahre. Nimmt man die Zeit bis 1515 dazu, als Ludwig XII. ohne Nachkommen stirbt und es nach ihm für lange Zeit keine Könige mit Namen Philipp und Ludwig gibt, dann stellt man folgende erstaunliche Tatsache fest:

Es gibt in diesen Jahren zwischen 1059-1515 insgesamt jeweils sieben Könige mit Namen Philipp und Ludwig. Sowohl alle Philipps zusammen als auch alle Ludwigs zusammen sind insgesamt jeweils genau 166 Jahre König, also in der Summe jeweils gleich lang.

In dieser Zeit (ab 1316) gibt es außerdem auch Könige mit anderen Namen, und zwar auch sieben (Johann I.-II. und Karl IV.-VIII.).

73 (+/- 1) Jahre zuvor beginnt die Kapetinger-Dynastie und 73 (+/- 1) Jahre danach endet die Herrschaft des Hauses Valois, eines Nebenzweiges der Kapetinger, und die Bourbonen kommen an die Macht. Abstände von 73 Jahren werden wir noch gehäuft bei der Strukturierung der Merowingerzeit wiederfinden.

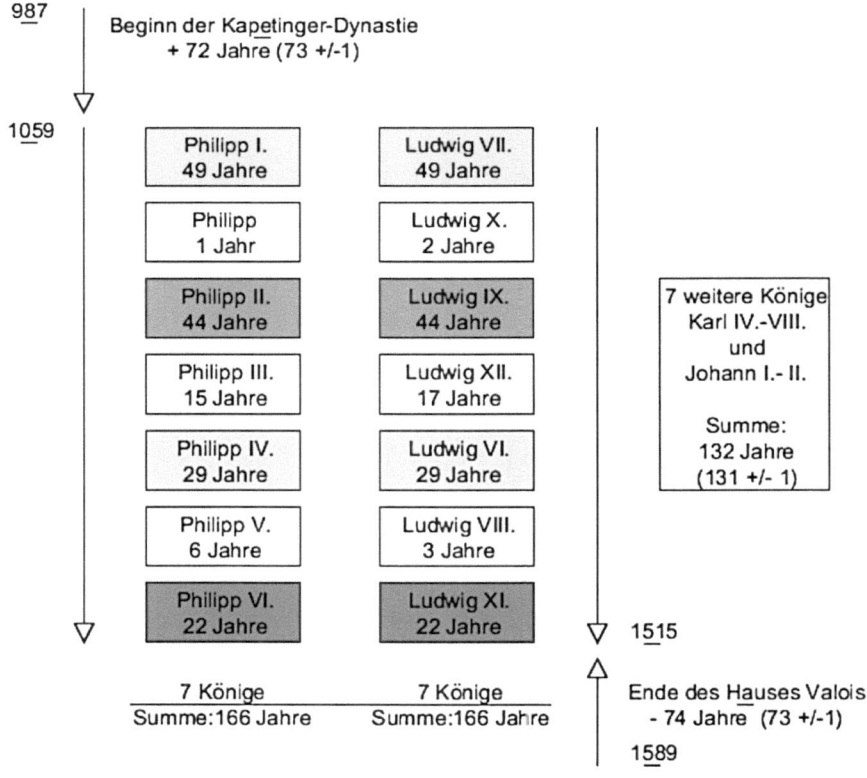

Grafik 13: Philipp-Ludwig-Paare 1059-1515

61

Die Königinnen von Frankreich im Hochmittelalter

Bei einem nicht konstruierten Ablauf der Geschichte wäre davon auszugehen, dass kein Zusammenhang zwischen den Namen der Königinnen und den Namen der Könige eines Landes besteht.

Die Wahl der zukünftigen Königin durch den König (oder dessen Eltern) geschah nach Quellenlage niemals unter dem Gesichtspunkt, dass es eine Dame mit einem bestimmten Namen sein muss. Die dynastische und regionale Herkunft der zukünftigen Königinnen ist zudem in Frankreich derartig unterschiedlich, dass darin auch keine Ursache für immer gleiche Namen gesehen werden kann.

D.h., es ist absolut unwahrscheinlich (im Klartext: unmöglich), dass bestimmte, wenige Namen von Königinnen über einen Zeitraum von Jahrhunderten hinweg gehäuft ausschließlich bei bestimmten Namen von Königen vorkommen, sonst aber nie.

Genau dies trifft aber für die Namen der Königinnen und Könige von Frankreich in der Zeit von 1060 bis 1322 zu.

Die Ehefrauen Philipps I. hießen 1. Bertha und 2. Bertrada. Bertha wird teilweise (nach offizieller Geschichte "irrtümlicherweise") auch als Bertrada bezeichnet.

Die Frauen aus 1. Ehe bei Philipp II. und Philipp III. hießen Elisabeth (Isabelle). Elisabeth (Isabelle) ähnelt sehr "Bertha" (heutige slawische Kurzformen z.B. "Beta"). Das passt dann zu Philipp I.

Die Frauen aus letzter (3. bzw. 2.) Ehe bei Philipp II. und Philipp III. hießen Maria.

Die Frauen aus 1. Ehe bei Philipp IV., V. und VI. hießen Johanna, wobei nur Philipp VI. (König ab 1328, also nach 1322) danach noch eine weitere Ehe einging, mit einer Blanche.

Blanche ist das Stichwort für die Ludwigs.

Die Frauen aus letzter (2. bzw. 3.) Ehe bei Ludwig VI. und Ludwig VII. hießen Adelheid.

Die einzige Ehefrau von Ludwig VIII. hieß Blanche.

Auch der Name der ersten Ehefrau von Ludwig VI., Lucia, ist von der Bedeutung her ("die Leuchtende") identisch mit Blanche. Blanc/blanche kommt vom germanischen blank/blangkaz, was "leuchtend" bedeutet (nach offizieller Geschichte über den Umweg des spätlateinischen blancus).

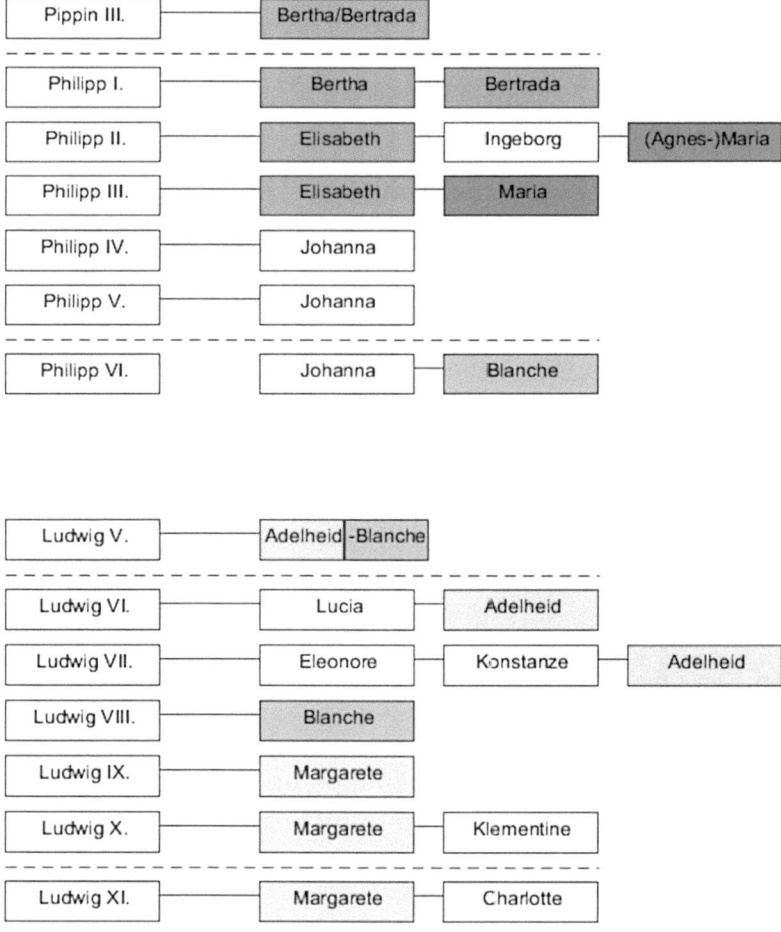

Grafik 14: Die verheirateten Könige und Königinnen Frankreichs im Hochmittelalter in den 2 x 131 Jahren von 1060-1322, geordnet nach den beiden Königsnamen dieser Zeit. Aufgeführt sind hier auch Pippin III. bei den Philipps und Ludwig V. bei den Ludwigs, aus Gründen, die sich aus dem folgenden Text ergeben.

Die Frauen aus erster Ehe bei Ludwig IX., X. und XI. hießen Margarethe.

Zusammenfassend: Die genannten Königinnen mit den Namen Bertha/ Bertrada/ Elisabeth, Maria und Johanna haben als Ehegatten nur Könige mit Namen Philipp. Und die genannten Königinnen mit den Namen Blanche/ Lucia, Adelheid und Margarethe haben als Ehegatten nur Könige mit Namen Ludwig. Sowohl drei Könige mit Namen Philipp nacheinander als auch drei Könige mit Namen Ludwig nacheinander haben zudem mit Johanna und Margarete drei Königinnen mit identischen Namen. Darüber hinaus sind auch alle anderen Namen der Königinnen ausschließlich entweder bei Königen mit Namen Philipp oder Ludwig anzutreffen.

Ein solcher Zusammenhang ist in der Realität ausgeschlossen. Dazu kommt, dass diese unmögliche Konstellation gerade in der Zeit von 1060-1322 auftritt, die ja auch durch die Abfolge der einzigen Königsnamen Philipp und Ludwig gekennzeichnet ist.

Wenn man noch Ludwig V. (König 986/987, also vor 1060) dazunimmt, dann stellt man fest: Seine einzige Ehefrau hieß Adelheid-Blanche, was perfekt zu den anderen Ludwigs passt.

Interessant sind auch die Parallelen von Philipp I. (1052-1108) und Pippin III. (714-768), dem Vater von Karl dem Großen, insbesondere was die Ehefrau(en) betrifft. Für Pippin III. wurden ganz offensichtlich die Ehefrauen von Philipp I. kopiert, oder umgekehrt.

Insgesamt sind es von 1060-1322 sowohl neun Königinnen bei den Philipps als auch neun Königinnen bei den Ludwigs.

Außerdem: Bei den fünf verheirateten Philipps und fünf verheirateten Ludwigs zwischen 1060-1322 gibt es auch Philipp-Ludwig-Paare wie bei den Amtszeiten (folgt im Anschluss):

1 x verheiratet: jeweils zwei Philipps und zwei Ludwigs,

2 x verheiratet: jeweils zwei Philipps und zwei Ludwigs,

3 x verheiratet: jeweils ein Philipp und ein Ludwig.

Philipp VI. und Ludwig XI. danach waren auch beide zweimal verheiratet.

Bei den Namen der Kinder wird auch nur aus einem begrenzten Namensvorrat geschöpft, so dass hier auch häufig Wiederholungen auftreten.

Bei den Königen mit Namen Karl (ab dem 14. Jahrhundert) gibt es diese Regelmäßigkeiten übrigens nicht. Auch die späteren Ludwigs folgen dem Muster nicht mehr. Wie üblicherweise zu erwarten, tragen bei diesen die Königinnen unterschiedliche Namen.

Dies sind alles absolut unmögliche Regelmäßigkeiten, die nicht durch Zufall erklärbar sind. Die Konstrukteure der offiziellen Geschichte haben die Königinnen Frankreichs ziemlich lieblos zusammenkopiert. Auch die Anordnung der Könige folgt einem klar erkennbaren Konstruktionsschema.

Darüber hinaus hat es Frankreich nach offizieller Geschichte als einziges Land im Universum über einen Zeitraum von 328 Jahren fertiggebracht, dass jeweils immer der älteste lebende Sohn des amtierenden Königs dessen Nachfolger wird. Das ist die Zeit von der Gründung der Kapetinger-Dynastie 988 (Robert II., der Sohn von Hugo Capet) bis 1316 (der als Einziger aus der Namensreihe fallende Johann I.). Andere Monarchien sind schon froh, eine solche Erbfolge über zwei bis drei Generationen und ein paar Jahrzehnte zu schaffen.

Das ist daher vollkommen absurd und nur eine Idealvorstellung einer absolutistischen Monarchie, zurückprojiziert als erfundene Geschichte. Der Aufbau des mittelalterlichen Systems der Königsnamen in Deutschland folgt hingegen dem Föderalismus-Prinzip, das die deutsche Geschichte bis heute kennzeichnet.

Der Zusammenhang zwischen den Systemen der Königsnamen Deutschlands und Frankreichs

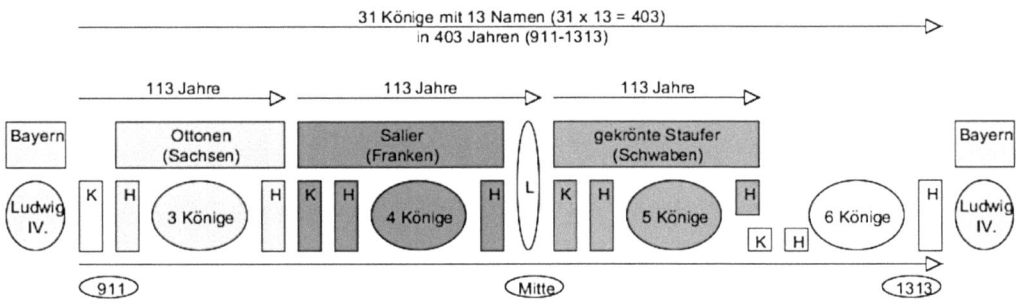

Grafik 15 (oben): Das System der römisch-deutschen Königsnamen. K steht für den Namen Konrad, H für Heinrich und L für Lothar. Es gilt die Reihenfolge der Krönungen, wenn es keine gab, die der Wahl. In der Salierzeit sind zwei Könige von den 4 in der Mitte keine Salier, und in der Stauferzeit ist ein König von den 5 in der Mitte kein Staufer. Man beachte, daß in der Antike und im Mittelalter die Abstände nicht nur mit den heute üblichen Differenzen gebildet wurden, sondern auch nach der Inklusivzählung, bei der das erste Jahr mitgezählt wird (gilt auch für Frankreich). Von 1250 (Ende der 3 x 113 Jahre im Heiligen Römischen Reich) sind es genau 3 x 113 Jahre bis 1589, dem Ende des Hauses Valois in Frankreich.

Rückwärts gerechnet vom Anfang im HRR und in Frankreich 911-113 = 798 = 929-131.

Das Jahr 798 ist also der gemeinsame Ausgangspunkt beider Systeme. Dies zeigt die Zusammengehörigkeit beider Systeme, was natürlich auch durch das wiederholte Auftreten der Mirpzahl 13/31 offensichtlich ist.

Grafik 16 (unten): Das System der französischen Königsnamen

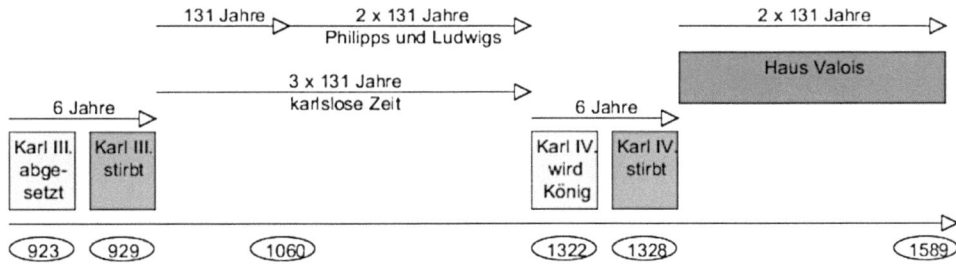

66

Abb. 32: König Heinrich VII. (1457-1509) mit seiner Familie (7 Kinder), dem Heiligen Georg und dem Drachen. Prinz Arthur steht links hinter dem König, dahinter Prinz Heinrich, der spätere König Heinrich VIII.

Der Mathematiker und Geschichtsanalytiker Anatoli Fomenko (* 1945) hat bereits gezeigt, dass die englische Geschichte bis 1327 (gewaltsamer Tod König Edwards II.) der Geschichte von Oströmischen/Byzantinischen Reiches bis 1453 ähnelt. Fomenko ist durch seine statistischen Analysen der Texte, die der offiziellen Geschichte zugrunde liegen, bekannt. Diese Analysen ergeben nach Fomenko, dass die gesamte Geschichte der Antike und des Mittelalters eigentlich nur aus Wiederholungen immer derselben wenigen Geschichten besteht. Die Abfolge der Herrscher und der Ereignisse dieser Jahrtausende sind nach Fomenko nur geringfügig abgeänderte Duplikate von nur wenigen tatsächlichen Geschichten.

Die diesbezüglichen Ergebnisse seiner Forschungen werden hier jedoch nicht übernommen. Unabhängig davon bringt die Analyse der Königsnamen jedoch auch in England weitere interessante Einblicke in die Konstruktion der offiziellen Geschichte.

Erster König der Angeln (Rex Anglorum) war Offa von Mercia (774-796), obwohl die Quellen hier nicht eindeutig sind. Er war der Reformator des englischen Münzwesens mit der Einführung der Penny-Münzen. Erster König der Angelsachsen (Anglorum Saxonum Rex) war Alfred der Große (871-899). Der erste König mit dem Titel „König von England" (Rex Angliae) war Heinrich II. (1154-1189).

Die Eroberung Englands durch die Normannen unter Wilhelm I. den Eroberer im Jahre 1066 stellte eine Zäsur für England dar. Mit ihr endete die Vorherrschaft der angelsächsischen Adligen. Sprachlich beginnt hier nach offizieller Geschichte der starke Einfluss der französischen Sprache, da die skandinavische Führungsschicht der Normannen französisch sprach. Die ab 1154 nachfolgende Dynastie Anjou-Plantagenet war dann tatsächlich französischstämmig. Die Häuser Lancaster und York waren deren Nebenlinien. 1485 kam dann das walisische Geschlecht Tudor auf den Königsthron.

Alle Regenten sind in der Tabelle nur einmal aufgeführt, und zwar in der Reihenfolge des ersten Antritts der Herrschaft.

774	Offa	
802	Egbert	
839	Æthelwulf	
856	Æthelbald	
860	Æthelberht	
865	Æthelred	
871	Alfred der Große	
899	**Eduard** der Ältere	*8 + 8 angelsächsische Könige*
924	Æthelweard	
924	Æthelstan	
939	Edmund der Prächtige	
946	Eadred	
955	Eadwig	
959	Edgar der Friedfertige	
975	**Eduard** der Märtyrer	
978	Æthelred der Unberatene	
1013	Sven Gabelbart	
1016	Edmund Eisenseite	
1016	Knut der Große	
1035	Harald I. Hasenfuß	*4 dänische und*
1040	Hardiknut	*4 angelsächsische Könige = 8 Könige*
1042	**Eduard** der Bekenner	
1066	Harald II.	
1066	Edgar Ætheling	*4 normann.* Könige — Wilhelm I. / Wilhelm II. / Heinrich I. / Stephan / (Mathilde)
1154	Heinrich II. Kurzmantel	
1189	Richard I. Löwenherz	
1199	Johann Ohneland	
1216	Heinrich III.	*8 Könige aus dem*
1272	**Eduard** I.	*Haus Anjou-Plantagenet*
1307	Eduard II.	
1327	Eduard III.	
1377	Richard II.	
1399	Heinrich IV.	
1413	Heinrich V.	*3 Könige aus dem Haus Lancaster*
1422	Heinrich VI.	
1461	**Eduard** IV.	
1483	Eduard V.	*3 Könige aus dem Haus York*
1483	Richard III.	
1485	Heinrich VII.	
1509	Heinrich VIII.	*3 Könige aus dem Haus Tudor*
1547	Eduard VI.	
1553	(Jane)	

Tab. 8: Die englischen Könige von 774-1553, 1066-1154 rechts (Wilhelm I. - Mathilde)

69

Streichen wir die Zeit der normannischen Dynastie von 1066-1154 heraus (bei Fomenkos Vergleich entspricht diese Zeit dem Zeitraum der Besetzung Konstantinopels durch die Kreuzfahrer und des Exils der oströmischen Kaiser in Nikäa), so erkennen wir: Ab Eduard dem Älteren (899-924) trägt jeder 7. König den Namen Eduard, bis zu Eduard IV. (1461-1483). Zwei der ersten beiden Könige mit Namen Eduard (Eduard der Märtyrer und Eduard der Bekenner) waren sehr religiöse Regenten und werden als Heilige verehrt. Aus diesem Grunde ist die Dominanz dieses Namens nicht überraschend, wie auch in den Herrscherlisten Nord- und vor allem Osteuropas in den folgenden Kapiteln gezeigt wird.

Auffällig ist auch die Strukturierung der Königsdynastien. Natürlich ist die Wahl von Offa von Mercia am Anfang nicht zwingend – dies ändert aber nichts an der nachfolgenden klaren Strukturierung. Bis 1399 sind Achter- und Vierer-Blöcke bei der Anzahl der Könige der jeweiligen Dynastien zu erkennen, so z.B. 4 dänische Könige und 4 angelsächsische Könige in der Zeit nach dem ersten dänischen König bis zur normannischen Eroberung 1066 - also insgesamt 8. Dann folgen wieder 4 Könige bis 1154 aus der normannischen Dynastie. Setzt man den wichtigen König Offa an den Anfang, so sind es davor 2 x 8 Könige bis zum ersten dänischen König Sven Gabelbart 1013, und 8 Könige nach 1154 aus der Dynastie Anjou-Plantagenet. Ab 1399 folgen je 3 Könige aus dem Dynastien Lancaster, York und Tudor 1553.

Die weitere Analyse der Königsnamen, der Herrschaftszeiten und der Dynastien bringt eine weitere Systematik zum Vorschein. So haben die ersten beiden Könige mit Namen Heinrich jeweils eine identische Regierungszeit von 35 Jahren. Drei der vier Dynastien nach 1154, nach der Zeit der Normannen, beginnen jeweils mit einem König Heinrich. Die jeweils aufeinanderfolgenden Könige mit Namen Heinrich aus dem Haus Lancaster und aus dem Haus Tudor haben auch eine identische Herrschaftszeit von 62 Jahren. Ihnen folgen jeweils Könige mit Namen Eduard.

Auffällig ist ebenfalls die zweimalige Sequenz Heinrich => Eduard => Richard von Königen aus den Häusern Anjou-Plantagenet und Lancaster/ York. Auch hier sind also Regelmäßigkeiten und Muster vorhanden, die es bei einem normalen Ablauf der Geschichte, wie etwa in der Neuzeit, nicht geben dürfte.

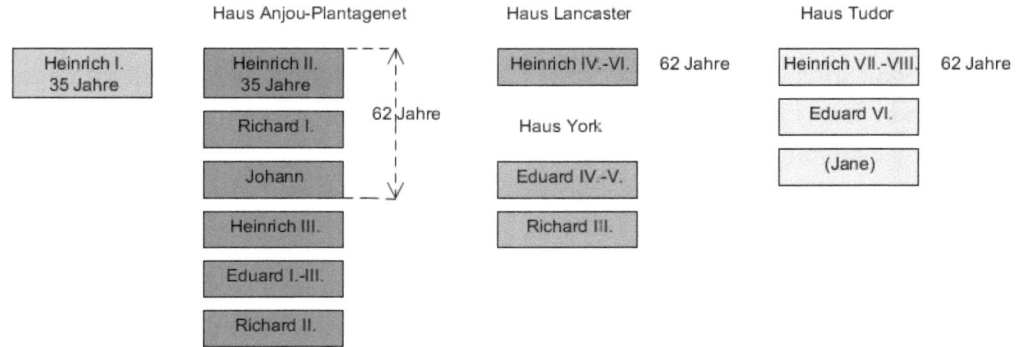

Grafik 17: Die wohlstrukturierte Anordnung der Dynastien in einer anderen Darstellung. Man erkennt die Heinriche jeweils zu Beginn mit identischen Regierungszeiten von 35 bzw. 62 Jahren.

Ein auffälliges, kleines Namenssystem gibt es in England von 1199-1553, eingerahmt von Johann(a), wie im Heiligen Römischen Reich Ludwig und in Frankreich Karl das System einrahmen.

1199	Johann
1216	Heinrich 3 x Eduard Richard 3 x Heinrich
	2 x Eduard Richard 2 x Heinrich Eduard
1553	Johanna (Jane)

Tab. 9: Eine "Komposition" aus Heinrich (erster, sowie 3 x und 2 x), Eduard (letzter, sowie 3 x und 2 x) und Richard (jeweils zwischen den Eduards und Heinrichs).

Der Zeitraum der offensichtlichen Konstruktion der Königsnamen und der herrschenden Dynastien kommt den Ergebnissen von Edwin Johnson (1842-1901) sehr nahe. Johnsons Forschungen hatten ergeben, dass die englische Geschichte bis in die Zeit von König Heinrich VIII. (1491-1547) gefälscht sein muss. Den Zeitraum von etwa 700-1400, also fast das gesamte Mittelalter, sah er als eine spätere Erfindung christlicher Chronisten und Geschichtsschreiber an, gefüllt mit fiktiven Personen und Ereignissen. Die Schriften, die dieser Zeit zugeordnet werden (etwa des Geschichtsschreibers Beda Venerabilis oder Geoffrey Chaucers, des "Vaters der englischen Literatur"), entstanden nach Johnson erst im 16. Jahrhundert.

Auch erst in der Tudor-Zeit wurde der Name des Sagenkönigs Arthur (auch Artus genannt) in den Königshäusern vergeben. Das erinnert sehr an das lange Fehlen des Namens Karl nach Karl dem Großen und den Karolingern in Frankreich und Deutschland und das späte Wiederauftauchen im 13. Jahrhundert in Frankreich und im 14. Jahrhundert in Deutschland.

1486 wurde Arthur Tudor als Sohn des ersten Tudor-Königs Heinrich VII. geboren und sollte einmal als Arthur II. den englischen Thron besteigen. Er wäre der zweite Arthur nach dem Sagenkönig gewesen, der am Ende der Römerzeit und zu Beginn der angelsächsischen Einwanderung verortet wird, also im 5. Jahrhundert. Für Arthurs Geburt wurde sogar die Stadt Winchester ausgewählt, das mit Camelot, dem Sitz des mythischen Königs gleichgesetzt wurde. Jedoch starb Arthur plötzlich im Alter von 15 Jahren, so dass sein jüngerer Bruder Heinrich später als Heinrich VIII. König wurde.

Im schottischen Königshaus Stuart wurde als Sohn von König Jakob IV. 1509 ebenfalls ein Arthur geboren, der jedoch schon im Jahr nach der Geburt verstarb. Auch der Sohn des schottischen Königs Jakob V., der ebenso den Namen Arthur trug, starb kurz nach seiner Geburt 1541.

Da somit mehrere als Thronfolger vorgesehene Arthurs recht früh starben, konnte sich offensichtlich der Name des mythischen Königs nicht in den Königsdynastien etablieren, so wie es etwa mit dem Namen Karl in Frankreich und Deutschland geschah. Dadurch wurden dann in England und Schottland andere Namen tatsächlicher Könige wichtiger, und der Name Arthur konnte nie dieselbe Dominanz erringen wie der Name Karl.

Russland

Abb. 33: Der Nationalheld Alexander Newski (1220-1263) schlug zwar die Kreuzritter und die Schweden, wurde aber Vasall des mongolischen Khans Batu

In der Geschichte Russlands wiederholen sich die Namen der Herrscher (Groß-fürsten, ab 16. Jahrhundert Zaren genannt) in wohlstrukturierter Weise. Die ge-samte Geschichte seit dem Dynastiegründer Rurik (862), und insbesondere seit der Christianisierung durch Wladimir I. (980-1015) bis zu Peter I. (1682-1725) ist ganz offensichtlich konstruiert.

In der Geschichte der Rus und Russlands verschiebt sich der Schwerpunkt der Macht seit Großfürst Wladimir I. von Kiew über Wladimir-Susdal nach Moskau, verdeutlicht durch den Wechsel des Großfürsten-Titels von Kiew nach Wladimir, und von Wladimir nach Moskau. Es ist somit angebracht, die Namensabfolge der Großfürsten und Zaren in dieser Reihenfolge zu analysieren.

Die so definierten Abschnitte der russischen Geschichte beginnen jeweils mit dem ersten Träger eines Namens, und enden mit einem weiteren Träger dieses Namens, von 980-1328 mit dem jeweils zweiten. Zwischen dem ersten und letzten Namensträger liegen immer jeweils genau sieben andere Großfürsten bzw. Zaren. Auch hier werden alle Regenten nur einmal aufgeführt, und zwar in der Reihenfolge des ersten Antritts der Herrschaft.

Der **erste Teil** umfasst die zwei Abschnitte, während derer die Großfürsten von Kiew die Vormachtstellung auf dem Gebiet des heutigen Russlands und der Ostukraine hatten. Der erste Abschnitt davon (Wladimir I.-II.) ist durch eine starke Zentralmacht gekennzeichnet. Im zweiten Abschnitt zerfällt das Großfürstentum.

Der **zweite Teil** beginnt mit Andrei Bogoljubski, Fürst von Waldimir-Susdal und Großfürst von Kiew. Unter ihm wird die Stadt Wladimir zum Zentrum der Kiewer Rus, und zum Sitz des Großfürsten. Andrei Bogoljubski hatte auch vor, den Sitz des Metropoliten von Kiew nach Wladimir zu verlegen. Dies stieß jedoch auf Widerstand des Patriarchen von Konstantinopel. Die Verlegung des Metropolitensitzes erfolgte auch zu Beginn des Moskauer Teils. Zum Ende des ersten Abschnitts endet die Kiewer Rus praktisch mit der Zerstörung durch die Mongolen 1240. Im zweiten Abschnitt wird ab Alexander Newski, ab 1236 Fürst von Nowgorod, die sogenannte Mongolenherrschaft über Russland konsolidiert.

Zu Beginn des **dritten Teils** erfolgt mit Iwan I., Fürst von Moskau und Großfürst von Wladimir, die Machtverlagerung von Wladimir nach Moskau. Neben dem Großfürsten verlegt auch der Metropolit seinen Sitz von Wladimir nach Moskau. Im ersten Abschnitt erfolgt eine deutliche Ausdehnung des Gebietes des Großfürstentums Moskaus, die vom Sieg über die Mongolen und Tataren begleitet war. Der zweite Abschnitt ist von Wirren und vom Dynastiewechsel gekennzeichnet. Er beginnt mit Fjodor I., dem letzten Rurikiden. In ihm erscheinen die ersten Romanows, die Dynastie Peters I., mit dem es nach dem Ende des Moskauer Teils weitergeht. Die Romanows bleiben bis 1917, dem Ende der Monarchie in Russland, auf dem Zarenthron.

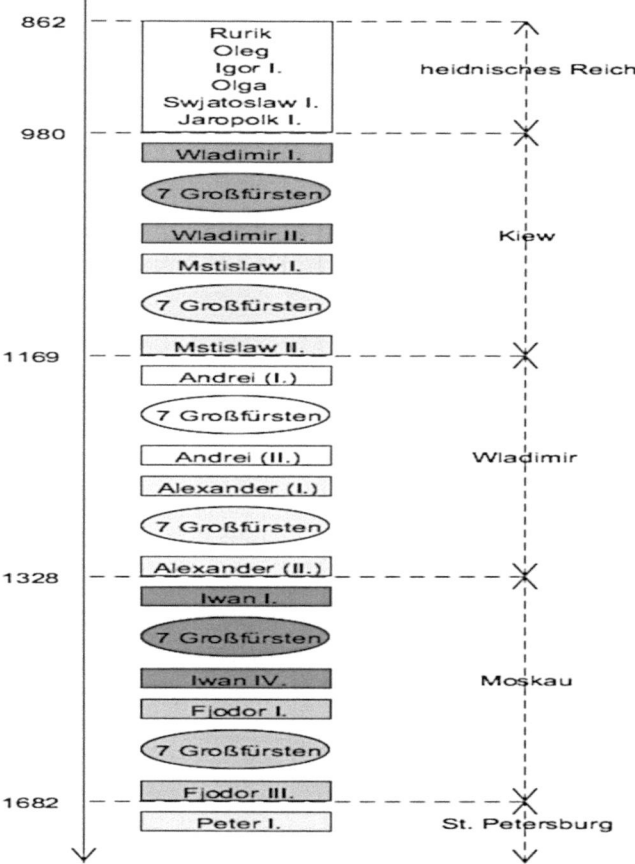

Grafik 18: Das System der Namen der russischen Großfürsten und Zaren in den 862 Jahren nach 862 AD

Der dritte Teil ist praktisch genauso lang wie die beiden Teile davor zusammen. (1328-1682 umfassen 354 Jahre, 980-1328 348 Jahre). Bei einem Herrschaftsantritt von Wladimir I. im Jahre 974 wären es ebenfalls genau 354 Jahre. Er wurde nach offizieller Geschichte 972 Fürst von Nowgorod, und 980 nach dem Tod seines Bruders Jaropolk Großfürst von Kiew.

75

Bei den Namen zu Beginn kann man eine Wiederholung feststellen. Vor Wladimir I. herrschen Swjato-slaw und Jaro-polk. Nach ihm sind es Swjato-polk und Jaro-slaw.

Der 1. Name dieser Reihe, Swjatoslaw, ist außerdem nichts anderes als eine Mischung der vorangegangenen Namen:

Rurik (altnordisch: Hrörekr), von german. Hrod- = Ruhm (und -ric =mächtig, reich), sowie Oleg und Olga (altnordisch: Helgi), von german. helg- = heilig, gesund.

Die gleiche Bedeutung haben слава (Ruhm) und святой (heilig), aus denen sich Swjatoslaw zusammensetzt (Igor = Ingwar = geschützt vom höchsten Gott Yngwi).

Von der Herkunft der Namen der Großfürsten und Zaren her ist es interessant zu sehen, dass griechische Namen praktisch erst ab dem 13. Jahrhundert in nennenswerter Zahl anzutreffen sind, obwohl doch bereits seit der Jahrtausendwende enge Beziehungen zum Oströmischen Reich bestanden haben sollen, und auch kirchlich der Metropolit von Kiew (später Wladimir und Moskau) dem Patriarchen von Konstantinopel unterstand. Die drei einzigen Ausnahmen vor 1200 sind Juri (= Georg) Dolgoruki (1149-1157), der legendäre Gründer Moskaus, und dessen Söhne Andrei Bogoljubski und Michail.

Ab Alexander Newski (1252) tragen so gut wie alle russischen Großfürsten und Zaren (slawisierte) griechische Namen, mit lediglich drei Ausnahmen.

Es fällt weiterhin auf, dass sich die Ziffern **862** bei Rurik mit **1682** bei Peter I. wiederholen.

So ergibt sich ein geschlossenes Bild, denn von **862** (Rurik) bis zum Tod von Peter I., Anfang 1725, vergehen genau **862** Jahre.

Gemeinsamkeiten der Strukturen der Namen der Herrscher in Ost- und Nordeuropa

Abb. 34: Stephan I. von Ungarn

Abb. 35: Die Taufe von Mieszko I. von Polen

Abb. 36 (links): Cináed mac Ailpín (810-858), heute auch Kenneth I. genannt. Er war erster König der Schotten.

Abb. 37 (Mitte): Gustav Eriksson Wasa (1496-1560) löste Schweden 1523 aus der Kalmarer Union mit Dänemark/Norwegen.

Abb. 38 (rechts): Königin Margarethe von Dänemark (1353-1412). Ihr politisches Ziel war ein skandinavisches Großreich. Unter ihr wurden ab 1380 Dänemark und Norwegen vereinigt (bis 1814). Ab 1388 regierte sie auch über Schweden – diese Einheit währte bis 1523.

Die Namenssysteme der Herrscher der anderen Reiche Ost- und Nordeuropas werden zusammen behandelt. Das hat einen sehr guten Grund, denn alle weisen dasselbe zugrundeliegende Muster auf, das in Russland in Reinform - ohne Ausnahmen - zu beobachten ist. Die ganz offensichtlich konstruierte Zeit in den später nationalen Reichen Ost- und Nordeuropas (Russland, Ungarn, Polen, Norwegen, Dänemark, Schweden und Schottland) ist durch einheitliche Muster gekennzeichnet, deren gemeinsames Merkmal die Abfolge von drei bis vier Blöcken gleicher Länge ist (Russland sechs Blöcke und Schweden unregelmäßige Länge), die jeweils mit dem selben Namen beginnen und enden.

In Ungarn, Dänemark und Schottland ist die Anzahl der Könige in dieser Zeit identisch. Es sind jeweils 27. In Polen und Norwegen (bis 1204 Beginn des Bürgerkriegs), sind es ebenfalls genau 27 Herrscher, wenn man die unregelmäßigen Könige nicht mitzählt. Wieder weichen Russland und Schweden ab.

Die Abfolge der Namen der ost- und nordeuropäischen Regenten des Mittelalters in den beschriebenen Zeiträumen folgt einem ähnlichen Aufbau. Das Wohlstrukturierte Mittelalter beginnt in allen Ländern, außer Schottland, in der zweiten Hälfte des 10. Jahrhunderts, im Zusammenhang mit der Durchsetzung des Christentums im 10./11. Jahrhundert. In Schottland beginnt es bereits über 100 Jahre zuvor. Es endet überall, außer in Russland und Schweden, Ende des 13. Jahrhunderts oder im 14. Jahrhundert. Sowohl in Polen, Schweden als auch in Russland herrschen unmittelbar danach mit Przemyslaw, Gustav Eriksson Wasa und Peter I. Persönlichkeiten, die das Land entscheidend umgestalten. In Norwegen endet die Existenz eines eigenständigen Staates mit der Union mit Dänemark. In den anderen Ländern folgt dem Wohlstrukturierten Mittelalter Anarchie, Bürgerkrieg und/oder ein Interregnum, verbunden mit einem Dynastiewechsel, sofort oder wenige Jahre später.

In vier der sieben Länder gehen dem ersten Herrscher über ein Reich, dass man als „christlich" bezeichnen kann, sechs Herrscher über ein heidnisches Reich voraus. In allen sieben Staaten gibt es danach mehrere gleich lange Blöcke mit mehreren Regenten, deren erster und letzter Regent den gleichen Namen tragen. Die Länge der Blöcke ist nicht überall gleich.

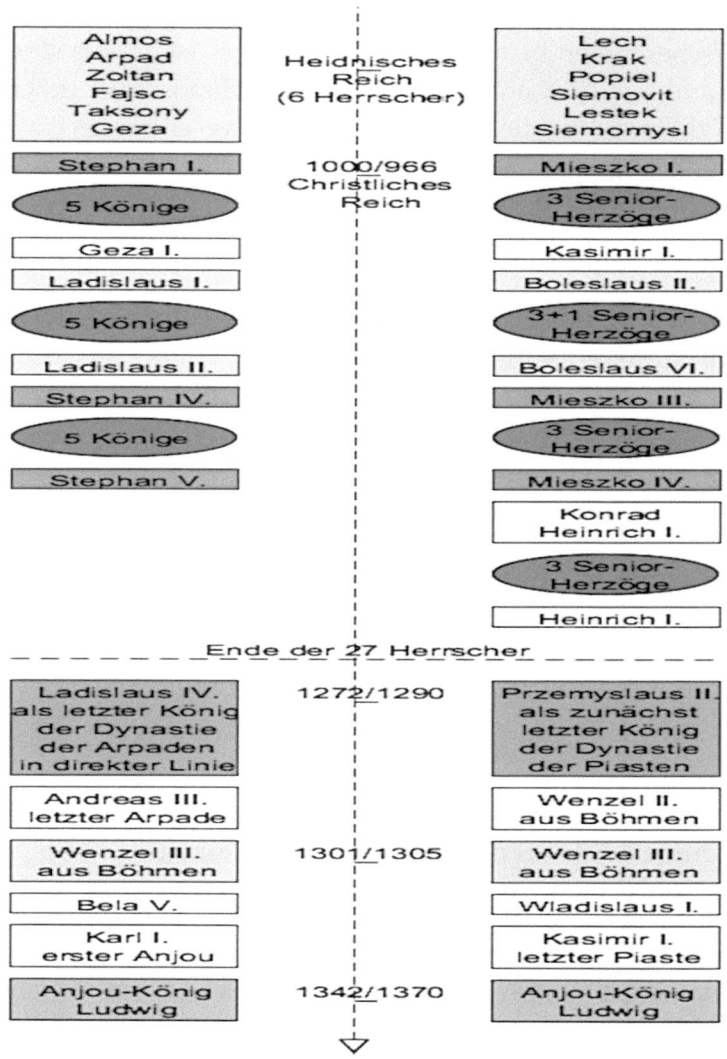

Almos Arpad Zoltan Fajsc Taksony Geza	Heidnisches Reich (6 Herrscher)	Lech Krak Popiel Siemovit Lestek Siemomysl
Stephan I.	1000/966 Christliches Reich	Mieszko I.
5 Könige		3 Senior- Herzöge
Geza I.		Kasimir I.
Ladislaus I.		Boleslaus II.
5 Könige		3+1 Senior- Herzöge
Ladislaus II.		Boleslaus VI.
Stephan IV.		Mieszko III.
5 Könige		3 Senior- Herzöge
Stephan V.		Mieszko IV.
		Konrad Heinrich I.
		3 Senior- Herzöge
		Heinrich I.

Ende der 27 Herrscher

Ladislaus IV. als letzter König der Dynastie der Arpaden in direkter Linie	1272/1290	Przemyslaus II. als zunächst letzter König der Dynastie der Piasten
Andreas III. letzter Arpade		Wenzel II. aus Böhmen
Wenzel III. aus Böhmen	1301/1305	Wenzel III. aus Böhmen
Bela V.		Wladislaus I.
Karl I. erster Anjou		Kasimir I. letzter Piaste
Anjou-König Ludwig	1342/1370	Anjou-König Ludwig

Grafik 19: Gemeinsamkeiten der Namenssysteme in Ungarn und Polen (weiß: Ausnahmen)

Interessanterweise gibt es diese Strukturen nur in Ost- und Nordeuropa. Die Abfolge der Herrschernamen in anderen Teilen Europas ist anders strukturiert. Diese Übereinstimmungen lassen eine gemeinsame Handschrift erkennen. Es gibt keine andere Erklärung für dieses Phänomen, als dass entweder

a) alle Regentenlisten aus einer Hand stammen, oder

b) eine Vorlage als „Orientierungshilfe" für die Erstellung der Regentenlisten der anderen Länder diente.

Ein weiteres entscheidendes Konstruktionsmerkmal betrifft die Anzahl der Könige im Wohlstrukturierten Mittelalter.

In drei Staaten, Ungarn, Dänemark und Schottland, ist die Anzahl der Könige in dieser Zeit identisch. Es sind jeweils 27.

Aber auch in zwei weiteren Ländern, Polen und Norwegen (bis 1204), sind es genau 27 Herrscher, wenn man die unregelmäßigen Könige nicht mitzählt. Das sind Zbigniew in Polen und Magnus und Olav in Norwegen.

Die beiden übrigen Länder, Russland und Schweden, sind nun auch die einzigen in Ost- und Nordeuropa, deren "Wohlstrukturiertes Mittelalter" erst nach dem 14. Jahrhundert endet.

In Russland und Schweden gilt auch folgende gemeinsame Regel:

Anzahl der Könige x Anzahl der verschiedenen Namen
= Endjahr des wohlstrukturierten Mittelalters – 2

1) Russland: Von 862-1682 herrschen 60 (Groß-)Fürsten und Zaren mit 28 unterschiedlichen Namen. 60 x 28 = 1680. Das ist genau zwei Jahre vor dem Ende im Jahre 1682 (Peter I.).

2) Schweden: Von 971-1521 herrschen 49 Könige/Regenten mit 31 unterschiedlichen Namen (außer die drei unregelmäßigen Hakon VI., Albrecht und Margarethe I. von 1362-1412, das sind dann exakt 500 Jahre). 49 x 31 = 1519. Das ist genau zwei Jahre vor dem Ende im Jahre 1521 (Gustav Eriksson Wasa).

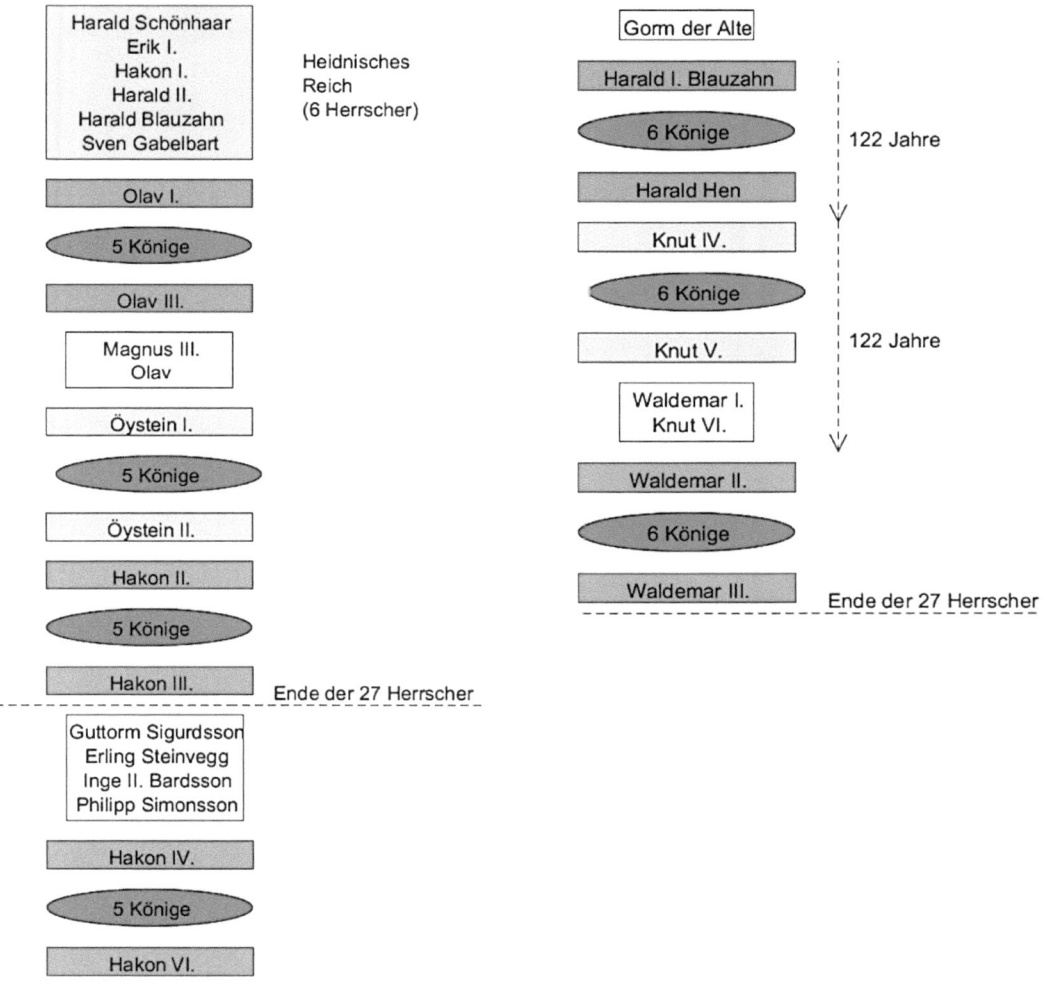

Grafik 20 (links): Das Namenssystem Norwegens 870 – 1380 (weiß: Ausnahmen)

Grafik 21 (rechts): Das Namenssystem Dänemarks 936 - 1332(weiß: Ausnahmen)

81

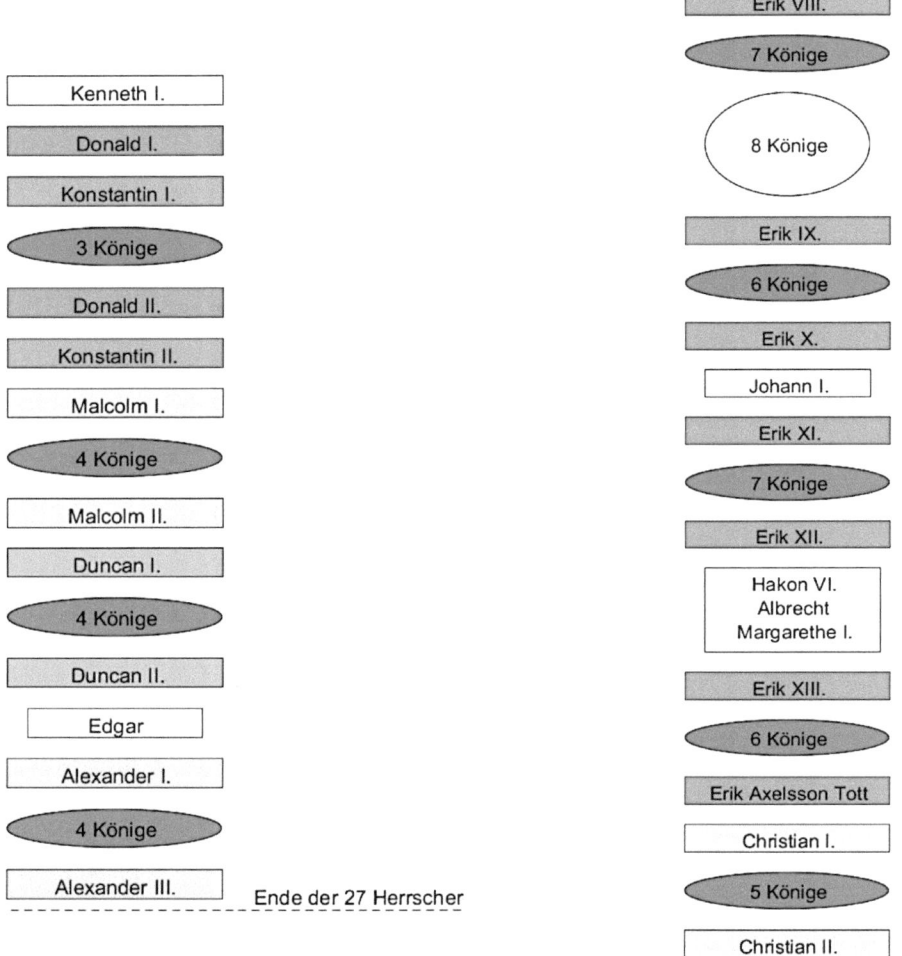

Kenneth I.

Donald I.

Konstantin I.

3 Könige

Donald II.

Konstantin II.

Malcolm I.

4 Könige

Malcolm II.

Duncan I.

4 Könige

Duncan II.

Edgar

Alexander I.

4 Könige

Alexander III. — — — Ende der 27 Herrscher

Erik VIII.

7 Könige

8 Könige

Erik IX.

6 Könige

Erik X.

Johann I.

Erik XI.

7 Könige

Erik XII.

Hakon VI.
Albrecht
Margarethe I.

Erik XIII.

6 Könige

Erik Axelsson Tott

Christian I.

5 Könige

Christian II.

Grafik 22 (links): Das Namenssystem Schottlands 841 – 1286 (weiß: Ausnahmen)

Grafik 23 (rechts): Das Namenssystem Schwedens 970 – 1521 (weiß: Ausnahmen)

Regelmäßigkeiten bei den Königen der Vorgängerreiche Spaniens sowie Portugals

Es überrascht nicht, dass auch auf der Iberischen Halbinsel absolut unwahrscheinliche Regelmäßigkeiten in der Abfolge der Königsnamen auftreten. Hier sind die Parallelen zum Frankenreich und zum Heiligen Römischen Reich frappierend, wie im Folgenden gezeigt wird.

Zunächst einmal aber zu den Unterschieden: Die vier einflussreichsten Stämme im Ostfranken- und späteren Heiligen Römischen Reich stellen **nacheinander** die Könige für ein vereinigtes Reich, und dies in relativ fest abgegrenzten Zeitabschnitten. In Spanien ist es anders: Die vier wichtigsten Regionen, Leon, Galicien, Kastilien und Aragon, laufen im Mittelalter **parallel**, werden also als getrennte Staaten dargestellt. Mehrfache Teilungen und (Wieder-) Vereinigungen werden über die Königsnamen Ferdinand und Alfons strukturiert, wie im Folgenden beschrieben. Möglicherweise steht dahinter ein tatsächliches solches Ereignis, das dann in der offiziellen Geschichte vervielfacht wurde.

Abb. 39: Der deutsche und spanische König und Kaiser Karl V. (1500-1558) mit seiner Frau Isabella von Portugal. Er herrschte sowohl über Deutschland als auch über die iberische Halbinsel. Kommt es daher, dass es auffällige Parallelen in der Geschichte Deutschlands und der Iberischen Halbinsel gibt?

In Spanien gibt es Namen bedeutender Könige, die durchgehend vom Frühmittelalter (8./9. Jahrhundert) bis in die Neuzeit vergeben wurden. Hier besteht ein entscheidender Unterschied zum Frankenreich und dem späteren Frankreich und Heiligen Römischen Reich.

Der Übergang von der Westgotenzeit zu den Königen Asturiens (dem Vorgängerstaat Spaniens) erfolgt analog zum Übergang von der Merowinger- zur Karolingerzeit ca. 717 - 741. Sowohl im Frankenreich als auch im späteren Spanien überschneiden sich die alte und die neue Dynastie - Merowinger und Karolinger sowie Westgoten und Fürsten von Asturien.

Die Teilung Asturiens 910 entspricht der endgültigen Teilung des Frankenreiches (Dynastiewechsel mit dem ersten Nicht-Karolinger im Ost-Frankenreich 911).

Ebenfalls gibt es sowohl im späteren Spanien als auch im Heiligen Römischen Reich die Marke um 1250, d.h. 1252/57: Alfons X. wird König von Kastilien und römisch-deutscher (Gegen-)König.

Und zum Schluss wird 1516 bzw. 1519 der Habsburger Karl als Karl I. bzw. Karl V. König von Spanien und römisch-deutscher König und Kaiser. Seine Frau ist Isabella von Portugal.

Auffällig in auf der Iberischen Halbinsel ist weiterhin:

1) Ferdinand ist der König, der vereint: Kastilien/Leon/Galicien 1037(-1157), erneut 1230, sowie Kastilien/Aragon 1479. Ferdinand I. von Portugal (1367-1383) erhebt Ansprüche auf den kastilischen Thron, begann deshalb einen Krieg mit Kastilien, aber verlor ihn – eine missglückte Vereinigung.

2) Alfons I. ist 739 der erste nachgewiesene König von Asturien (dem Vorgängerstaat Spaniens), eroberte Galicien und Leon, und gilt als eigentlicher Schöpfer des Königreichs Asturien.

    Alfons III. und der VII. sind jeweils der erste König vor der Teilung (jeweils 910 und 1157), und Alfons VI. und der X. ist jeweils der erste König nach der Teilung (1072 und 1252), nach den Ferdinands.

    In Portugal wird der Namensvetter Alfons I. 1139 erster König von Portugal.

84

3) Sowohl Alfons VI. als auch der X. haben einen Bruder Sancho, der auch König wird.

In Portugal haben Alfons I. und Alfons II. Söhne mit Namen Sancho, die auch Könige werden.

Frankenreich/Heiliges Römisches Reich	Spanien
- 717: Der erste Karolinger, Karl Martell, wird Hausmeier des gesamten Frankenreiches, und damit praktisch der Herrscher. - 741 wird der spätere erste König der Karolinger, Pippin der Kleine, sein Nachfolger als Hausmeier.	- 718: Pelayo gründet das erste christliche Staatsgebilde "nach" dem Untergang des Westgotenreiches (721 Tod des letzten Königs Ardo, 725 wurde mit Septimanien der letzte Reichsteil von den Muslimen besetzt). - 739 beginnt mit Alfons I. der erste (gesicherte) König von Asturien seine Herrschaft
- 911 wird mit Konrad I. der erste Nicht-Karolinger Ostfranken-König, nach Ludwig IV., dessen Namensvetter Ludwig IV. 1313 König wird; dies bedeutet die endgültige Teilung des Frankenreiches - 922 wird mit Karl III., dem Einfältigen, der letzte Karl als Westfranken-König abgesetzt (der nächste Karl folgt 1322 mit Karl IV.)	- 910 stirbt König Alfons III., und das Königreich Asturien wird aufgeteilt (Alfons X. ist erster König nach der "Wiedervereinigung") - Die Lebensdaten der Könige vor der Teilung, Alfons III. (848-910), und nach der Teilung, Alfons X. (1221-1284), liegen 373/374 Jahre auseinander, d.h. vom Tode Alfons III. 910 bis zum Tode Alfons X. 1284 sind es 374 Jahre. - fast identisches Alter: 62/63 Jahre.
- 1250 Ende der Stauferdynastie auf dem Königsthron und Beginn des Interregnums (Ende des römisch-deutschen Teil-Systems der Königsnamen nach 339 Jahren (911-1250)), - 1254 erstmalige Überlieferung des Namens "Heiliges Römisches Reich" - 1257 Alfons X. wird römisch-deutscher (Gegen-)König	- 1230 werden Kastilien, Leon (Asturien) und Galicien endgültig wiedervereinigt, - 1252 Alfons X. ist der erste König danach
- 1519 Karl V. wird römisch-deutscher König	- 1516 Karl I.(V.) wird König von Spanien

Tab. 10: Übereinstimmungen Frankenreich/Heiliges Römisches Reich und Spanien

Abb. 40: Der römische Kaiser Constantius (250 - 306) bestimmt Konstantin als seinen Nachfolger, natürlich nicht ohne himmlischen Beistand

Im Jahre 324 n. Chr. besiegt der weströmische Kaiser Konstantin I. den oströmischen Kaiser Licinius und wird dadurch Alleinherrscher im Römischen Reich. Im gleichen Jahr 324 verlegt er die kaiserliche Hauptstadt von Nikomedia (dem heutigen türkischen Izmit) nach Byzanz am Bosporus, dem heutigen Istanbul. Rom in Italien hatte schon seit Kaiser Diokletian (284 – 305) nicht mehr als Hauptstadt gedient. Byzanz wird 324 in "Nova Roma" umbenannt und trägt seit 330 den Namen Konstantinopel (griechisch: Κωνσταντινούπολις). Von der Mitte des fünften bis ins 13. Jahrhundert ist Konstantinopel die größte und reichste Stadt Europas.

Mit dem Jahr 324 und Konstantin I. beginnt in der Geschichtswissenschaft üblicherweise die Zählung der Kaiser des Oströmischen, später sogenannten Byzantinischen Reiches. Staatlich ist es identisch mit dem Römischen Reich seit den ersten Kaisern. Weitere entscheidende Daten sind die Reichsteilung im Jahre 395 und das Ende des Weströmischen Reiches 476.

Während der Besetzung Konstantinopels und des Großteils des Oströmischen Reiches durch die Kreuzfahrer erscheint 1254 erstmals ein "Heiliges Römisches Reich" in den Quellen. Nach 1453, also nach dem Fall von Konstantinopel und dem Ende des Oströmischen Reiches, gibt es dann in den Quellen ein "Sacrum Romanum Imperium Nationis Germanicæ", also mit dem Zusatz "Deutscher Nation" versehen.

Rückwirkend wird dann ab dem 16./17. Jahrhundert das Römische Reich ab der Spätantike in "Byzantinisches Reich" umbenannt. Die Einwohner hatten ihr Reich als das Römische Reich oder Romania und sich selbst als Römer (griechisch: Ῥωμαῖοι) bezeichnet. Die Griechen verwendeten bis in die osmanische Zeit hinein diese Bezeichnung für sich.

Zeitgleich wurde die Geschichte des "Heiligen Römischen Reiches Deutscher Nation" bis auf die Ottonen (911 bzw. 919) zurückverlängert. Spätestens soll es aber 962 mit der Kaiserkrönung von Otto I. in Rom losgegangen sein, die kurioserweise selbst Ottos Hof-Geschichtsschreiber Widukind von Corvey noch unbekannt war.

Man versucht sogar, den Anfang der deutschen Geschichte bis auf einen sogenannten römischen Kaiser "Karl den Großen" zu verlängern. Dieser soll pünktlich auf den Tag genau 800 Jahre nach der Geburt von Jesus Christus vom Papst zum Kaiser gekrönt worden sein.

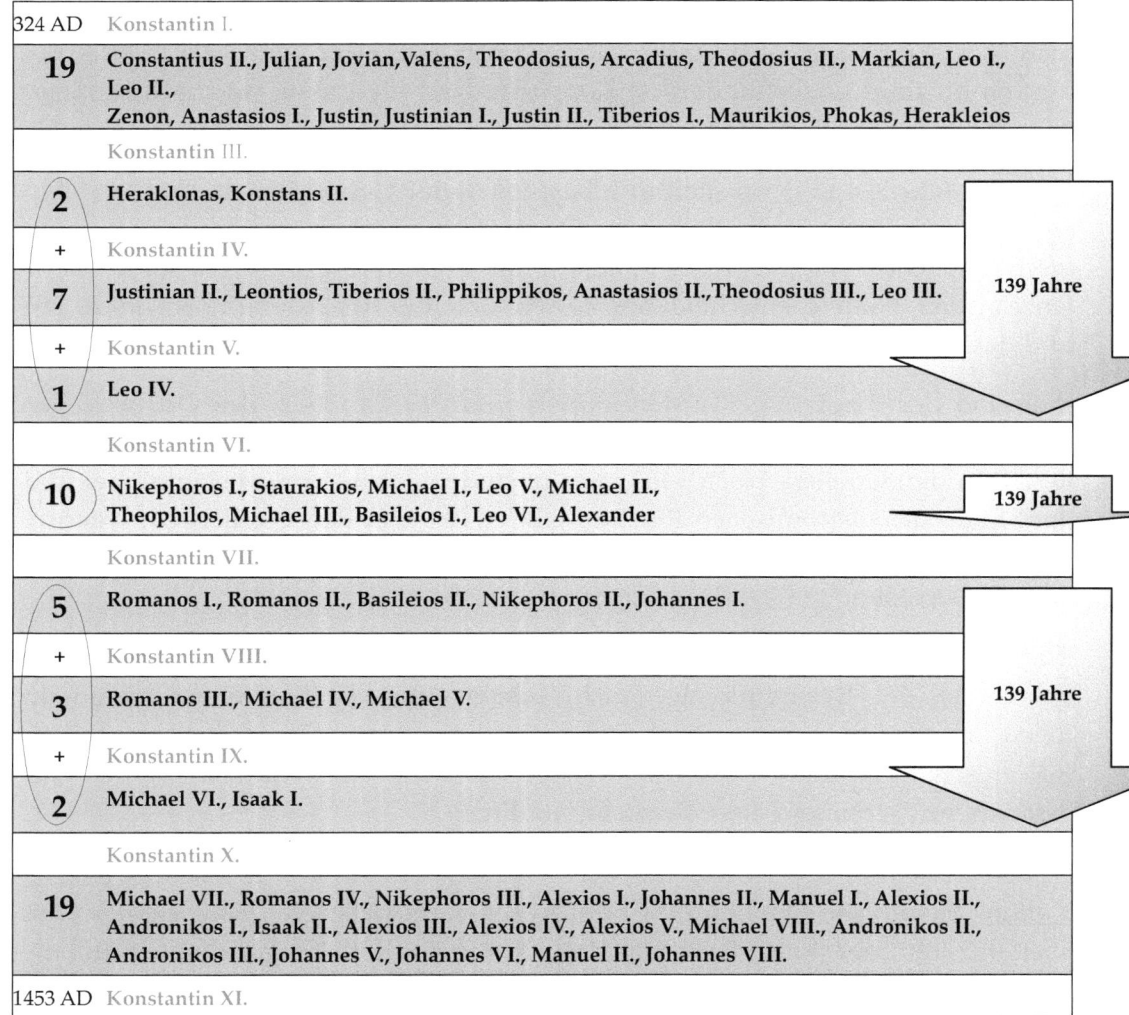

Tab. 11: Die Kaiser von Konstantinopel von 324 - 1453

88

Die Reihenfolge der Namen der 78 legitim herrschenden Kaiser des Byzantinischen Reiches, der Kaiser von Konstantinopel (324 - 1453, Konstantin I. - Konstantin XI.), ist wohlstrukturiert, und zwar um den Namen Konstantin herum. Die Kaiser von Nikäa während der Besetzung Konstantinopels durch die Kreuzfahrer von 1204-1261 werden nicht behandelt (analog zu England 1066-1154).

Sowohl unmittelbar nach dem ersten Konstantin als auch vor dem letzten Konstantin herrschen jeweils 19 Kaiser mit anderen Namen. Zwischen den einzelnen insgesamt 10 Konstantins gibt es jeweils die folgende Anzahl von Kaisern mit anderen Namen, jeweils in der Mitte der Tabelle (Konstantin II. war ein weströmischer Kaiser):

324 AD		Konstantin I.	
		19	
641 AD	**139 Jahre**	**2** **7** **1**	**10 Kaiser**
780 AD	**139 Jahre**	**10**	**10 Kaiser**
919 AD	**139 Jahre**	**5** **3** **2**	**10 Kaiser**
1059 AD		**19**	
1453 AD		Konstantin XI.	

Tab. 12: Das Schema der Kaiser von Konstantinopel von 324 - 1453

Man erkennt drei Gruppen mit je 10 Kaisern, die anders heißen als Konstantin: 2 + 7 + 1 = 10, in der Mitte 10, und 5 + 3 + 2 = 10.

Das sind mit den benachbarten Konstantins insgesamt 38 Kaiser, genauso viel wie 19 + 19, die Anzahl der Kaiser davor und danach. Das ist alles sehr regelmäßig strukturiert. Dazu kommen noch Konstantin I. am Anfang, und Konstantin XI. am Ende, so dass es insgesamt 78 Kaiser sind. (Mit dem 2. Konstantin im Westen wären es 79 Kaiser.)

Die drei Zehner-Gruppen in der Mitte dauern jeweils gleich lang. Damit ist zusammen mit den anderen Merkmalen mit an Sicherheit grenzender Wahrscheinlichkeit klar, dass die Kaiserliste nicht auf "natürlichem" Wege entstanden sein kann.

1) 2+7+1 = 10 Kaiser:

641 (Heraklonas) => 780 (Tod von Leo IV.): 139 Jahre

2) 5+3+2 = 10 Kaiser:

919 (Romanos I.) => 1059 (Tod von Isaak I.): 139 Jahre

Auch der Zeitraum dazwischen hat die gleiche Länge von 139 Jahren:

3) 10 Kaiser:

780 (nach Leo IV.) => 919 (Machtübernahme von Romanos I.): 139 Jahre

Die Kaiser mit anderem Namen als Konstantin sind also wie folgt gruppiert:

19 + (10 + 10 + 10) + 19

Und alle 78 Kaiser (also inklusive der 10 Konstantins) sind dann so gruppiert:

1 + 19 + (19 + 19) + 19 + 1

Das System kann man damit auch so schreiben:

21 + (12 + 12 + 12) + 21 = 78

Die erfundene Chronologie der Antike

Es passt alles wundersam zusammen

Abb. 41: Joseph Justus Scaliger (1540 - 1609), der Begründer der wissenschaftlichen Chronologie. Er wurde von Papst Gregor XIII., der auch den Gregorianischen Kalender einführte, mit der Erstellung einer zusammenhängenden Chronologie beauftragt, die vor allem die Geschichten der Griechen, Römer, Hebräer, Babylonier, Assyrer und Perser umfasste. So richtig bekannt wurde Scaliger allerdings erst, nachdem Jacob Bernays 1855 eine Biographie über ihn geschrieben hatte.

Das Ergebnis der Analyse der antiken Zeitrechnungen wird die Entdeckung eines klaren Planes für die Konstruktion der einzelnen Zeitrechnungen der offiziellen Geschichte sein. Es ist somit ausgeschlossen, dass die in angeblich antiken und mittelalterlichen Texten verwendeten, hier genannten Zeitrechnungen tatsächlich ihren Anfang in dem Jahr haben, das die offizielle Geschichte ihnen zuschreibt. Entweder beginnen diese Zeitrechnungen in Wirklichkeit in einem ganz anderen Jahr oder diese Texte sind Fälschungen.

In der Chronologie ist eine Ära eine von einem bestimmen Zeitpunkt ausgehende Jahreszählung. Als Epoche bezeichnet man den Beginn. Die Epoche unserer Zeitrechnung (Ära) ist die Geburt Jesu Christi. Alle für Europa relevanten Ären mit ihren Epochen liste ich kurz auf (darüber hinaus gibt es noch weitere, die deutlich seltener verwendet werden).

91

5508 v. Chr. - Byzantinische Ära (Erschaffung der Welt am 1. 9.),

3761 v. Chr. - Jüdische Ära (Erschaffung der Welt am 6. 10.),

753 v. Chr. - Gründung der Stadt (Rom),

776 v. Chr. - Olympische Ära (griechische Zählung seit der 1. Olympiade),

311 v. Chr. - Seleukidische Ära (Seleukos I. wird König),

285 - Diokletian-Ära (Machtergreifung von Kaiser Diokletian), und

622 - Hedschra (Islamische Zeitrechnung).

Wir haben also sieben vorneuzeitliche Ären. Die Anfangsjahre aller außer der Byzantinischen addieren wir links, die Byzantinische kommt nach rechts, und wir erhalten:

$$776 + 753 + 622 + 311 + 285 + 3761 - 1000 = 5508$$

Also das Anfangsjahr der Byzantinischen Ära (Erschaffung der Welt) zuzüglich 1000 Jahren entspricht exakt der Summe der anderen sechs Ären.

Es gibt noch eine weitere Ära, die Claudius Ptolemäus für naturwissenschaftliche Zwecke im 2. Jahrhundert erfunden hat. Dies ist die sogenannte Nabonasser-Ära mit Beginn 747 v. Chr., die die Jahre seit Machtantritt des babylonischen Königs Nabonasser zählt. Von den Babyloniern wurde diese Zeitrechnung jedoch nie verwendet.

Die Nabonasser-Ära ergibt sich nun einfach aus der Subtraktion der Anfänge der Byzantinischen und der Jüdischen Zeitrechnung (der beiden Weltanfänge) abzüglich 1000:

$$5508 - 3761 - 1000 = 747$$

Natürlich passt die Nabonasser-Ära auch perfekt zu den anderen bereits genannten Ären. Man muss von deren Summe einfach 2000 abziehen.

$$776 + 753 + 622 + 311 + 285 - 2000 = 747$$

Eine auffällige Übereinstimmung - die Jüdische Zeitrechnung

Das Jahr 1529 in der Christlichen Zeitrechnung (Julianischer Kalender mit Beginn im Jahre 1 und Jahreswechsel am 1. Januar) entspricht in der Jüdischen Zeitrechnung, die im Jahre 3761 v. Chr. beginnt, dem Jahr 5289/5290 (Jahreswechsel 3./4. September).

1529 = 529 + 1000 und
5290 = 529 x 10

Ist das Zufall oder steckt ein System dahinter?

Subtrahiert man von 1529 die Zahl 5290, so erhält man -3761. Die Jüdische Zeitrechnung (Erschaffung der Welt) beginnt am 6. 10. 3761 v. Chr., also mit anderem Jahresanfang als in der Christlichen Zeitrechnung am 1. 1., wodurch sich u.U. eine Abweichung von einem Jahr ergibt.

1529 – 5290 = -3761
1000 + 529 – 10 x 529 = -3761
D. h., 1000 – 9 x 529 = -3761, oder anders geschrieben: 9 x 529 – 1000 = 3761

Der Betrag des Anfangs der Jüdischen Zeitrechnung ergibt sich also ganz einfach aus einem Vielfachen der Zahl 529 abzüglich 1000. Kann man auch die anderen geläufigen Zeitrechnungen der Antike und des Mittelalters auf die Zahl 529 zurückführen?

Grafik 24: Die Ermittlung des Zeitpunkts der Schöpfung nach Jüdischer Zeitrechnung, ausgehend von 1000 n. Chr.

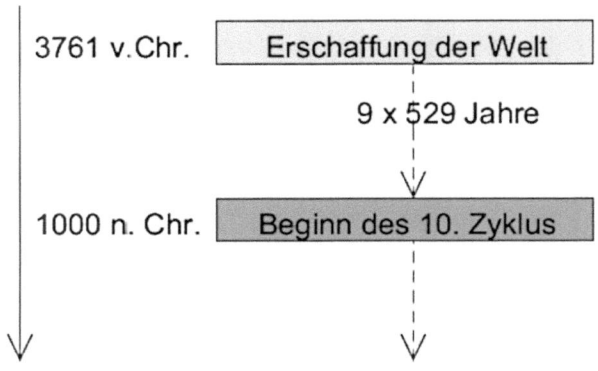

93

Genauso auffällig - die christliche Byzantinische Zeitrechnung

Der Betrag des Beginns der Byzantinischen Ära ergibt sich nun ganz ähnlich aus einem Vielfachen der Zahl 529:

11 x 529 – 311 = 5508

Vom Elffachen der Zahl 529 muss man nur 311, den Betrag des Beginns der Ära seit Beginn des babylonischen Königs Seleukos abziehen.

Man könnte bei der Byzantinischen Zeitrechnung auch Folgendes annehmen:

311 – 11 x 529 = 5508 v. Chr.

Interessanterweise kann man die jüdische und die byzantinische Zeitrechnung einfach ineinander umrechnen:

5508 = 3761 + 747 + 1000

Also, der Betrag des Anfangs der jüdischen Ära zuzüglich des Betrages des Anfangs der Ära des babylonischen Königs Nabonasser sowie 1000 ergibt den Betrag des Anfangs der byzantinischen Zeitrechnung.

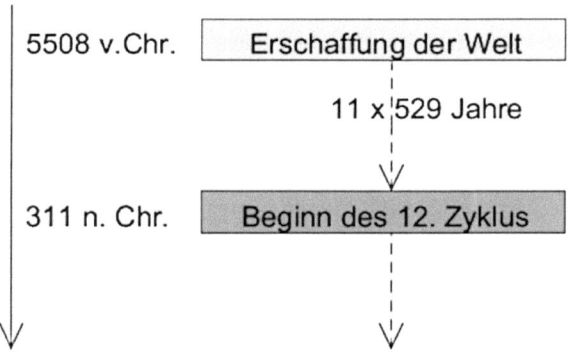

Grafik 25: Die Ermittlung des Zeitpunkts der Schöpfung nach Byzantinischer Zeitrechnung, ausgehend von 311 n. Chr.

Die beiden babylonischen Zeitrechnungen und die beiden wichtigsten Zeitrechnungen der griechisch-römischen Antike

Da wir zwei Zeitrechnungen haben, die mit babylonischen Königen (Nabonasser 747 v. Chr. und Seleukos 311 v. Chr.) beginnen, macht es Sinn, sich damit etwas näher zu beschäftigen. Und siehe da:

$311 + 747 = 1058 = 2 \times 529$

Also, die Summe der beiden babylonischen Zeitrechnungen ergibt sich aus dem Zweifachen der Zahl 529.

Das macht nun neugierig darauf, die beiden Anfänge der wichtigsten Zeitrechnungen der griechisch-römischen Antike etwas näher zu untersuchen, 753 v. Chr. - Gründung der Stadt (Rom), sowie 776 v. Chr. - Olympische Ära (griech. Zählung seit der 1. Olympiade).

$753 + 776 = 1529 = 529 + 1000$

Diesmal ist es 1 x 529 zuzüglich der Zahl 1000, woraus sich die Summe der Beträge der Anfänge beider Ären ergibt.

$311 + 747 = 1058 = 2 \times 529$	$753 + 776 = 1529 = 529 + 1000$
$311 = 2 \times 529 - 747$	$753 = 529 + 1000 - 776$
$747 = 2 \times 529 - 311$	$776 = 529 + 1000 - 753$

Abb. 42: Die Mauern und der Tempel von Babylon

Abb. 43: Rom während der Zeit der Republik

Das Konstruktionsschema der Zeitrechnungen

Zusammengefasst sieht das Konstruktionsschema der Zeitrechnungen dann so aus:

11 x 529 - 311 = 5508	Byzantinische Ära
+ 747 + 1000	
9 x 529 - 1000 = 3761	Jüdische Ära
2 x 529 = 311 + 747	Seleukidische Ära und Nabonasser-Ära
1 x 529 + 1000 = 776 + 753	Olympische Ära und Gründung der Stadt Rom

Die Diokletian-Ära (285) errechnet sich aus den bereits gegebenen Zahlen, insbesondere auch wieder der 529, wie folgt:

$285 = 529 + 1000 - (4 \times 311)$

Die Hedschra, Islamische Zeitrechnung, (622) ist natürlich einfach

$622 = 311 + 311$

Damit dürfte klar sein, dass die Anfangsjahre dieser Zeitrechnungen nicht auf natürlichem Wege entstanden sein können, sondern am Schreibpult nach einem klaren Plan. Dieser dürfte mit dem Großen Osterzyklus von 532 Jahren (28 x 19) zusammenhängen.

Die 529 in der Chronologie des Römischen und des Byzantinischen Reiches

Im Folgenden werden einige Zusammenhänge der Zahl 529 mit den erfundenen Zeitrechnungen der römischen Antike (Gründung Roms 753 v. Chr.) und der griechischen Antike (Beginn der Olympiaden 776 v. Chr.) und wichtigen Eckpunkten der Geschichte des Römischen Reiches analysiert. Interessanterweise ergeben sich bei der Analyse von Zeiträumen mit markanten Anfangs- und Endjahren Gleichungen mit runden Jahrhundertzahlen (600, 700 usw.) sowie der 529.

Zwischen der Gründung der Stadt Rom im Jahre 753 v. Chr. und dem Ende des Weströmischen Reiches im Jahre 476 liegen **1229 = 700 + 529 Jahre.**

Es sind also runde 700 Jahre zuzüglich der für die Konstruktion der Zeitrechnungen wichtigen Zahl 529!

Vom Beginn des Byzantinischen (Oströmischen) Reiches im Jahre 324 bis zum Ende des Byzantinischen (Oströmischen) Reiches im Jahre 1453 (Eroberung durch die Osmanen) sind es **1129 = 600 + 529 Jahre.**

Also auch wieder eine runde Sache mit der 529!

Augustus,
der erste Kaiser
des Römischen Reiches

1229 Jahre = 700 + 529

753 BC >---> 476 AD

Romulus, der erste
Herrscher von Rom

Romulus Augustus,
der letzte Herrscher und Kaiser
des (West-)Römischen Reiches

Grafik 26: Die Konstruktionszahl 529 in der Geschichte des Römischen Reiches

Konstantin **I.**,
**der erste Kaiser des
Oströmischen Reiches
und von Konstantinopel**

1129 Jahre = 600 + 529

324 AD >--> **1453 AD**

Konstantin **XI.**,
**der letzte Kaiser des
Oströmischen Reiches
und von Konstantinopel**

Grafik 27: Die Konstruktionszahl 529 in der Geschichte des Byzantinischen (Oströmischen) Reiches

Von 776 v. Chr. bis 1453 (Eroberung Konstantinopels und damit Untergang des Oströmischen Reiches) vergehen 2229 Jahre. Das sind glatte 1000 Jahre mehr als von der Gründung Roms (753 v. Chr.) bis zum Untergang des Weströmischen Reiches (476).

2229 = 1000 + 700 + 529

Auch die Anfangsjahre passen mit den jeweils anderen Endjahren perfekt zusammen und ergeben runde Jahrhundertzahlen:

324 + 476 = 800
1453 − 753 = 700

Und mit der Gründung der Stadt Rom (753 v. Chr.), dem Untergang des Oströmischen Reiches (1453) und der Zahl 529 ergibt sich der Untergang des Weströmischen Reiches so:

1453 − 753 − 753 + 529 = 476

Von 776 v. Chr. bis zur Gründung Konstantinopels 324 vergehen 275 Olympiaden à 4 Jahre, d.h. 1100 = 600 + 500 Jahre, auch wieder eine runde Sache!

Die Gründung Konstantinopels steht also am Beginn der 276. Olympiade. Man darf davon ausgehen, dass die gleichen Endziffern "76" bei 776 v. Chr. (Jahreszählung seit der ersten Olympiade) und 476 (Untergang des Weströmischen Reiches) auch kein Zufall sind.

Die Beträge ergeben eine Differenz von wiederum glatten 300 Jahren.

776 − 476 = 300

Dass alles zusammenpasst, wird schon aus den beiden Jahreszahlen am Anfang (753 v. Chr. Gründung Roms) und am Ende (1453 Untergang Ostroms) deutlich. Sie tragen beide eine "53" in sich und die Beträge unterscheiden sich um eine glatte 700.

Ich habe diese Zusammenhänge in folgender Grafik anschaulich zusammengefasst:

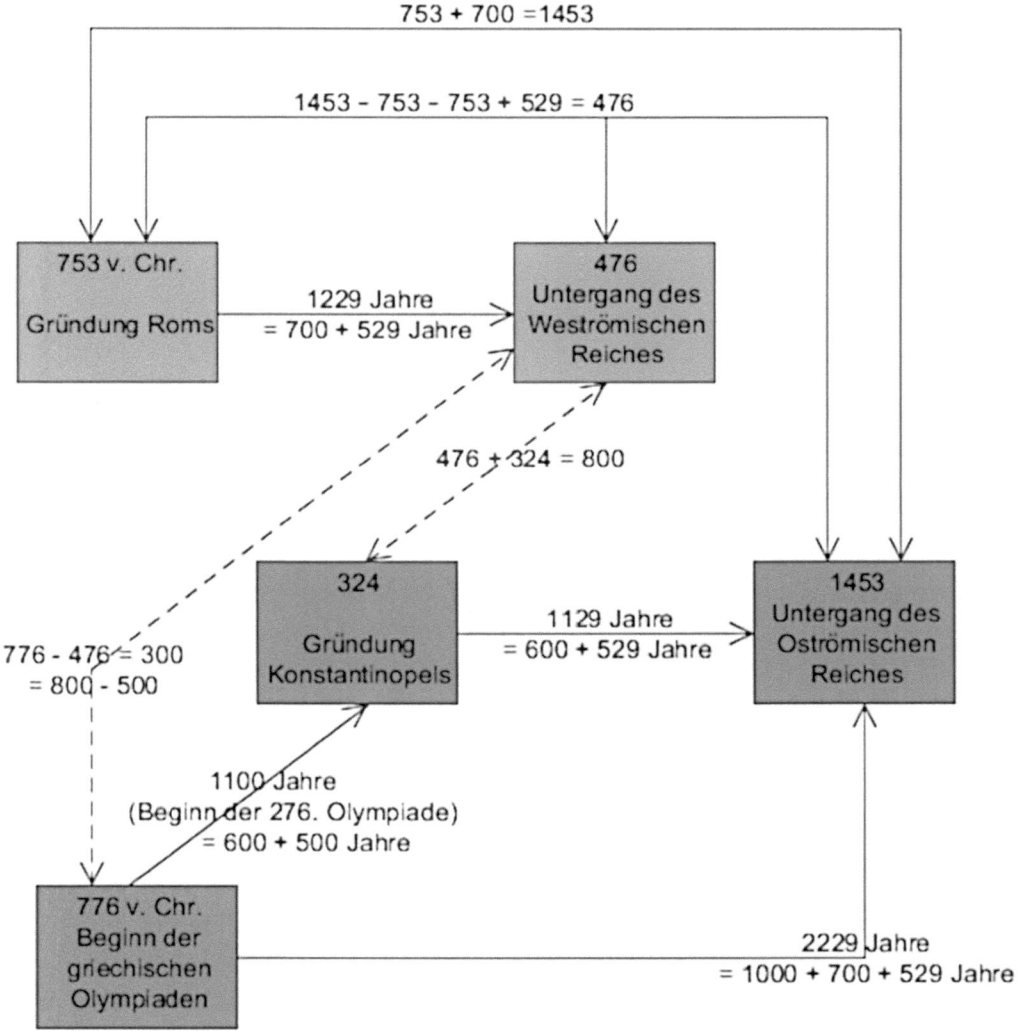

753 + 700 = 1453

1453 − 753 − 753 + 529 = 476

753 v. Chr.
Gründung Roms

1229 Jahre
= 700 + 529 Jahre

476
Untergang des
Weströmischen
Reiches

476 + 324 = 800

324
Gründung
Konstantinopels

1129 Jahre
= 600 + 529 Jahre

1453
Untergang des
Oströmischen
Reiches

776 − 476 = 300
= 800 − 500

1100 Jahre
(Beginn der 276. Olympiade)
= 600 + 500 Jahre

776 v. Chr.
Beginn der
griechischen
Olympiaden

2229 Jahre
= 1000 + 700 + 529 Jahre

Grafik 28: Den Zusammenhang der Zahl 529 mit den Zeitrechnungen
der griechisch-römischen Antike und Daten des Römischen Reiches

9/11 und der Bibelcode in der Geschichte

Einführung

Angefangen von Ivan Panin (1855- 1942) haben eine Reihe von Autoren Zahlenmuster im hebräischen Text des Alten Testaments und im griechischen Text des Neuen Testaments erforscht. Diese Muster beinhalteten sowohl das Zählen von Buchstaben und Wörtern als auch Entdeckungen, die durch die Anwendung der Gematrie ermöglicht wurden.

Gematrie ist die Zuordnung von Zahlenwerten zu Buchstaben, so dass dann deren Beziehungen untereinander analysiert werden können. Sowohl im hebräischen als auch im griechischen Alphabet werden den Buchstaben aufgrund ihrer Stellung im Alphabet bestimmte Zahlenwerte zugeordnet, die auch zur Darstellung von Zahlen verwendet werden können. Jedes Wort kann also auch als eine Gruppe von Zahlzeichen gelesen werden. Die Summe dieser einzelnen Zahlzeichen für die Buchstaben ergibt dann den Zahlenwert eines Wortes.

Hack #3 ist die Entdeckung des Autors, dass dieser Zahlencode der Bibel auch in der Geschichte wieder auftaucht, und zwar genau an den Stellen, an denen nach Hack #1 als Ergebnis der Strukturanalyse der Herrscherlisten absolut unwahrscheinliche Auffälligkeiten existieren, wie etwa die 31 Könige mit 13 Namen in 403 Jahren (31 x 13) von 911 – 1313 im Heiligen Römischen Reich.

Nach "The Bible Wheel" [McGough 2006] sind die Zahlen 27, 37 und 73 die drei Zahlen, die das Grundgerüst der numerischen Konstruktion der Bibel bilden. Interessanterweise trifft dies auch für die Konstruktion der offiziellen Geschichte zu. Hier sei schon erwähnt, dass zwei weitere wichtige Zahlenpaare 13/31 und 14/41 sich direkt aus der Kombination von 27, 37 und 73 ergeben.

Ausgangspunkt sind die Sternzahlen (1), 13, 37 und 73. Eine Sternzahl ist ein zentriertes Hexagramm (sechszackiger Stern), wie der Davidstern.

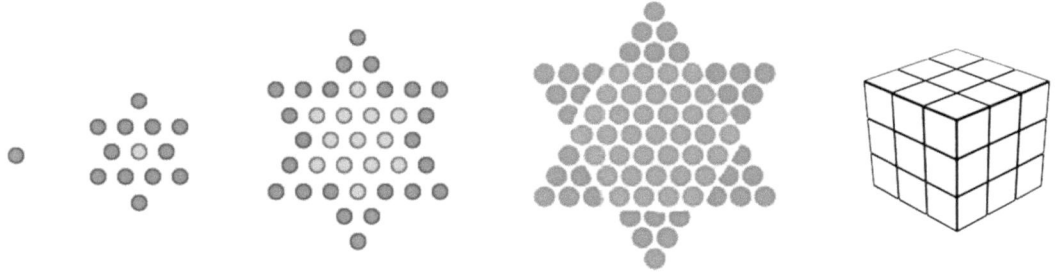

Abb. 44: Die Sternzahlen 1, 13, 37 und 73 (mit 37 als eingeschlossenem Hexagon) sowie die Kubikzahl 27 = 3 x 3 x 3

Abb. 45: Davidstern: "Der Davidstern wird als symbolische Darstellung der Beziehung zwischen Menschen und Gott interpretiert. Das nach unten weisende Dreieck besagt: Der Mensch hat sein Leben von Gott erhalten. Das nach oben weisende Dreieck besagt: der Mensch wird zu Gott zurückkehren. Die zwölf Ecken des Sterns sollen die Zwölf Stämme Israels darstellen. Außerdem stehen die sechs Dreiecke für die sechs Schöpfungstage und das große Sechseck in der Mitte steht für den siebenten Tag, den Ruhetag." [wikipedia]

Schon lange bekannt: Der Zahlencode der Bibel
Der Anfang der Genesis, Kapitel 1, ergibt mit Zahlenwerten der hebräischen Buchstaben 2701 = 37 x 73

א ב ג ד ה ו ז ח ט י כ ל מ נ ס ע פ צ ק ר ש ת
1 2 3 4 5 6 7 8 9 10 20 30 40 50 60 70 80 90 100 200 300 400

בראשית ברא אלהים את השמים ואת הארץ

Im Anfang schuf Gott Himmel und Erde

913 + 203 + 86 + 401 + 395 + 407 + 296 = **2701**

2701 = 37 x 73 (2 Primzahlen)

Diese Konstruktion mit den Primzahlen 37 und 73 existiert auch in der Geschichte, bei den Königen der Merowinger-Dynastie im Frankenreich. Die Merowinger werden sowohl von der deutschen als auch von der französischen Geschichte vereinnahmt, als die erste Dynastie ihrer Geschichte. Chlodwig I. wird um 500 n. Chr. der erste christliche, fränkische König.

Chlothar II. wird 73 Jahre nach Chlothar I. König, und Chlothar III. wird 73 Jahre nach Chlothar II. König und stirbt dazu auch noch in einem Jahr, das mit 73 endet, 673.

Die Könige Chlodwig I., Chlodwig II. und Chlodwig III. sind am Raster 2 x 73 + 37 Jahre ausgerichtet,und zwar mit den Jahren des Endes ihrer Herrschaft (Tod), und die Könige Childebert I., Childebert adoptivus und Childebert III., mit den Jahreszahlen des Beginns ihrer Herrschaft.

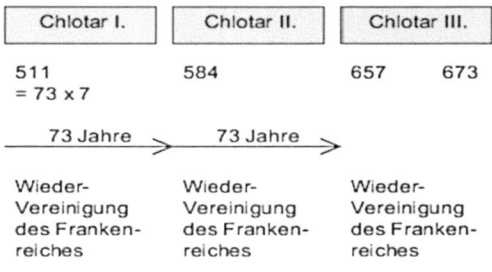

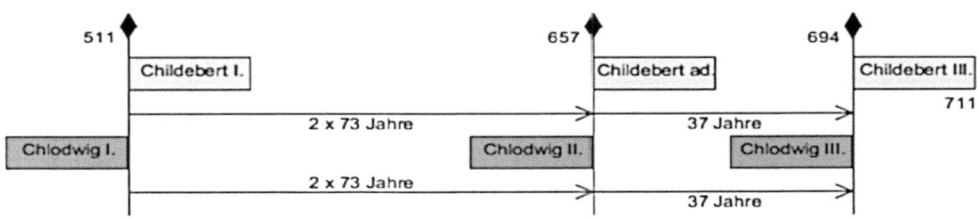

Grafik 29: Die Könige der Merowinger-Dynastie im Raster 73 - 37 nach dem Muster von Genesis 1,1

Der Zahlencode des Neuen Testaments (Johannes 1,1) in der Geschichte

Εν ἀρχῇ ἦν ὁ λόγος καὶ ὁ λόγος ἦν πρὸς τὸν θεόν καὶ θεὸς ἦν ὁ λόγος

Im Anfang war das Wort, und das Wort war bei Gott, und Gott war das Wort.

55 + 719 + 58 + 70 + 373 + 31 + 70 + 373 + 58 + 450 + 420 + 134 + 31 + 284 + 58 + 70 + 373 = 3627

3627 = 39 x 93 = 13 x 31 x 3 x 3

113 x 131 x 3 x 3 = 339 x 393

Die Bibel-Konstruktion von Johannes 1,1 findet man in der Geschichte bei den Königssystemen des Heiligen Römischen Reiches und Frankreichs wieder (Hack #1).

Im Heiligen Römischen Reich gibt es von 911 – 1313 (31 x 13 = 403 Jahre) 31 Könige mit 13 verschiedenen Namen. Der Zeitraum von 911 – 1250 dauert 3 x 113 = 339 Jahre.

In Frankreich gibt es von 929-1322 (3 x 131 = 393 Jahre) keine Könige mit Namen Karl. Von 1060 – 1322 (2 x 131 Jahre) gibt es nur Könige mit Namen Philipp oder Ludwig.

König David und Nachfolger

Im Matthäus-Evangelium taucht die Zahl 14 im chronologischen Sinne auf:

"Im Ganzen sind es also von Abraham bis David vierzehn Generationen, von David bis zur Babylonischen Gefangenschaft vierzehn Generationen und von der Babylonischen Gefangenschaft bis zu Christus vierzehn Generationen." (Matthäus 1,17)

Die Zahl 14 verweist nun eindeutig auf König David, der ja auch im zitierten Text explizit genannt wird. Jesus Christus wird auch als "neuer David" bezeichnet. Der Zahlenwert von David (hebräisch: דוד) im hebräischen Alphabet ist 14.

ד (Dalet) = 4, und ו (Vav) = 6

4 + 4 + 6 = 14

Die Konstruktionszahlen 27 und 73 sind über die Davidzahl 14 und dessen Spiegelzahl 41 miteinander verbunden.

14 + 27 = 41 und 41 + 73 = 114

Abb. 46: David mit dem Kopf Goliaths, den er gerade besiegt hatte (Gemälde von Caravaggio)

Solche Zahlenwerte, die sich aus Kombinationen dieser Zahlen 14, 41, 27 und 73 ergeben, existieren in der Geschichte als Jahreszahlen besonders

1) im 1. Jahrhundert vor Christus und im 1. Jahrhundert nach Christus im Römischen Reich (Julisch-Claudische Dynastie und Flavier – Geschichtsschreiber Sueton), sowie

2) vom 7. - 9. Jahrhundert im Frankenreich (Dynastien der Arnulfinger, Pippiniden und Karolinger – insbesondere bei Karl dem Großen an Sueton orientierte Geschichtsschreibung).

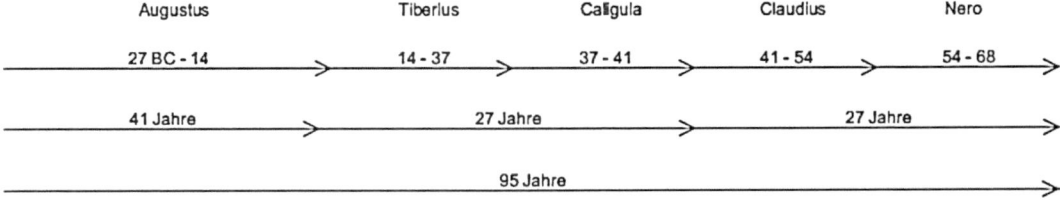

Augustus	Tiberius	Caligula	Claudius	Nero
27 BC - 14	14 - 37	37 - 41	41 - 54	54 - 68

41 Jahre	27 Jahre	27 Jahr

95 Jahre

Grafik 30 (oben): Die Strukturierung der Zeit der Kaiser der Julisch-Claudischen Dynastie im Römischen Reich. Die Lebenszeit von Jesus Christus, auch als "neuer David" bezeichnet, fällt in die Zeit der Kaiser Augustus und Tiberius.

Name	geboren	Differenz	Hausmeier/ König	Differenz	gestorben
Pippin der Ältere	um 580	ca. 43	623	17	640
Arnulf von Metz	um 582	ca. 32	614 (Bischof)	26	640
Grimoald der Ältere	um 615	ca. 28	643	ca. 17	656-662
Pippin der Mittlere	635-645 (um 640)	ca. 46	(679)/Gesamt-reich: 687	26	714
Karl Martell	688	26	714	27	741
Pippin der Jüngere	714	27	741/ (742)	27	768
Karl der Große	742/ (747)	26	768	46	814
Ludwig der Fromme	778	36	814	26	840

Tab. 13 (vorige Seite): Die Konstruktion der Pippiniden und Karolinger im Frankenreich von 580 - 840. Es fällt sofort die Häufung von Zahlen, die mit 14 und 41 enden auf, sowie Zeitabstände von 27 Jahren, teilweise auch mal ein Jahr daneben. Diese Auffälligkeit ist durchgängig vom 7. - 9. Jahrhundert belegt, mit aufeinanderfolgenden Hausmeiern bzw. Königen. Dies ähnelt der Strukturierung der Zeit von 100 v. Chr. - 96 n. Chr., die auch in Biographien Suetons beschrieben wird. Karl der Große hat die Franken mit den alten Israeliten verglichen und sich selbst als neuen David gesehen. Er ließ sich auch am Hofe als "neuer David" anreden.

9/11

An einem 9. 11. (Aw) des Jüdischen Kalenders bestraft Gott das Volk Israel für seinen Unglauben: *"Ich werde diesen Tag als einen Tag des Weinens festlegen."*

Bekannt sind die 5 Unglücke nach der jüdischen Tora an einem 9. Aw:

1. Beim Auszug aus Ägypten (1313 v. Chr.) wird dem Volk Israel in der Wüste angekündigt, dass es noch 40 Jahre zu wandern habe.
2. Der von Salomo errichtete Tempel von Jerusalem sowie das Königreich Juda werden 586 v. Chr. von den Babyloniern zerstört – die Babylonische Gefangenschaft beginnt.
3. Der zweite Tempel von Jerusalem wird 70 n. Chr. von den Römern zerstört.
4. Der Bar-Kochbar-Aufstand gegen die Römer wird niedergeschlagen.
5. Jerusalem wird 136 n. Chr. von den Römern dem Erdboden gleichgemacht.

Deutschland tritt 1914 an einem 9. Aw (1. August nach Gregorianischem Kalender) in den Krieg ein, der der Erste Weltkrieg werden sollte.

Ebenfalls bekannt ist die Bezeichnung des 9. 11. (November) nach Gregorianischem/ Julianischem Kalender als "Schicksalstag der Deutschen". Bedeutende Ereignisse, die auf den 9. 11. fallen, sind:

1. 1918 Novemberrevolution und Ausrufung der Republik,
2. 1923 Hitler-Ludendorff-Putsch,
3. 1938 Höhepunkt der Novemberpogrome ("Reichskristallnacht"),
4. 1989 Mauerfall, worauf die Wiedervereinigung Deutschlands folgte.

Abb. 47: Die Novemberrevolution am 9. 11. 1918 nach Gregorianischem Kalender –
der 1. Weltkrieg hatte an einem 9. 11. nach Jüdischem Kalender begonnen.

Von 1994 bis 2019 sind vier Bücher über den deutschen 9. November erschienen. Es fand in dieser Zeit eine interessante Entwicklung über die Bedeutung des 9. 11. statt. 1994 meinte Fritz Stern noch:

"Dass viermal in diesem Jahrhundert gravierende Ereignisse der deutschen Geschichte auf denselben Tag – den 9. November – fielen, ist Zufall." [Stern 1994]

Bis 2019 hat sich die Einsicht in die Zusammenhänge deutlich vertieft. So stellt Wolfgang Brenner fest:

"Es gibt auch einen objektiven Zusammenhang der Neunter-November-Ereignisse. Sie gehorchen alle einer historischen Logik. Diese Logik ist recht simpel, nämlich kausal. Der neunte November reagiert auf den neunten November. Es existiert eine untergründige Verbindung zwischen all diesen Daten." [Brenner 2019]

Worin dieser "objektive Zusammenhang" sowie die "untergründige Verbindung" bestehen und worauf die 9/11-Ereignisse sich beziehen, wird im vorliegenden Buch erläutert.

Forschungsergebnisse des Autors:

Zum 9. 11. gehört auch das Jahr 911. 911 wird Konrad I. König, und zwar am 9. 11. Konrad I. wird als erster deutscher König angesehen. Mit ihm beginnt das konstruierte Namenssystem der 31 Könige mit 13 Namen in 403 Jahren (31 x 13) bis 1313 (siehe Hack #1).

Der 911 verstorbene König Ludwig stammt ebenso wie der 1314 (also genau im Jahr nach der 403jährigen Konstruktion) zum König ernannte Ludwig aus Oberbayern. Beide werden in der offiziellen Geschichte als Ludwig IV. geführt.

Am 9. 11. 1313 besiegt der Wittelsbacher Ludwig von Bayern (römisch-deutscher König ab 1314) den Habsburger Friedrich den Schönen (den späteren Gegenkönig) in der Schlacht von Gammelsdorf. Mit diesem Sieg wurde Ludwigs spätere Vorherrschaft im Reich begründet. Wittelsbacher waren im 14./15. und im 18. Jahrhundert Könige im Reich.

Damit wird der "objektive Zusammenhang" zu den Neunter-November-Ereignissen des 20. Jahrhunderts hergestellt, die sonst vollkommen unzusammenhängend dastehen. Es beginnt am 9. 11. 911 mit dem ersten deutschen König Konrad I.

Die "untergründige Verbindung" besteht in der Bezugnahme auf den 9. Aw (9. 11.) des Jüdischen Kalenders, der als wichtiges Datum in der Tora genannt wird. Die Festlegung dieses Tages erfolgte durch Gott während des Auszugs aus Ägypten am 9. Aw (9. 11.) 1313 v. Chr.

Darüber hinaus ist der 11. 9. (9. 11. von rechts gelesen) der erste Tag des Koptischen Kalenders (= Neuanfang), der auf den altägyptischen Kalender zurückgeht. Der 9. 11. (11. 9. von rechts gelesen) ist der 313. Tag (von links und von rechts gelesen) im Gregorianischen Kalender.

Papst Silvester I. (der mit der Konstantinschen Schenkung) wurde am 31. 1. 313 Papst, bei einem Jahresanfang am 1. 3., und die Laterankirche (die seitdem ranghöchste Papstbasilika) weihte er an einem 9. 11. (324) ein.

Der erfundene Kaiser Augustus

Die konstruierten Daten der Julisch-Claudischen Dynastie

Es ist jetzt über 2000 Jahre her, dass eine der beliebtesten Figuren der offiziellen Geschichte starb: *"Kaiser Augustus"*.

Doch was ist dran am Mythos "Kaiser Augustus"?

Abb. 48: Kaiser Augustus (63 v. Chr. - 14 n. Chr.), der erste Kaiser des Römischen Reiches. Seine wichtigsten Lebensdaten sind in der offiziellen Geschichte genau 800 Jahre vor Karl dem Großen angeordnet.

In der römischen Geschichte gibt es zweimal die Ermordung eines Herrschers mit Namen Gaius Julius Cäsar (beide Male mit vielen Dolchen), jeweils organisiert von einem gewissen Cassius, denen der Versuch der Erneuerung der Republik durch den römischen Senat folgte.

Einmal ist es der Diktator, der unter dem Namen "Cäsar" bekannt ist (100 – 44 v. Chr.). Der andere ist der heute "Caligula" genannte Kaiser von 37 - 41 n. Chr. Dies scheint eine Verdopplung nur eines Ereignisses zu sein. Ja, sogar die gesamten 84/85 Jahre von 44 v. Chr. - 41 n. Chr. sind offensichtlich eine Verdopplung - ein gesamter römischer Osterzyklus.

Die Auffälligkeiten bei den Lebensdaten der Herrscher dieser Zeit sind zu groß, als dass sie zufällig sein könnten. Die Lebensdaten sehen ziemlich konstruiert aus.

Dies betrifft einerseits die Julier (alle mit Namen Gaius Julius Caesar) und andererseits die Claudier (alle mit Namen Tiberius Claudius Nero), die zusammen mit dem als "Nero" bekannten Kaiser die Julisch-Claudische Dynastie bilden.

Grafik 31: Kaiser Augustus in Las Vegas. Eine Autobiographie soll er geschrieben haben. Die ist allerdings "verloren gegangen". Stattdessen haben wir den "Tatenbericht" des Augustus (Res gestae divi Augusti), ein übles Propagandawerk. Dieser "Tatenbericht" soll eine Grabinschrift gewesen sein, die von Kaiser Augustus selbst stammen soll. Allerdings ist uns diese Grabinschrift auch nicht erhalten. Erhalten sind nur drei Abschriften davon. Die erste wurde Mitte des 16. Jahrhunderts im Auftrag des römisch-deutschen Kaisers Karl V. in der Türkei "entdeckt", zwei weitere im 19. Jahrhundert, ebenfalls in der Türkei.

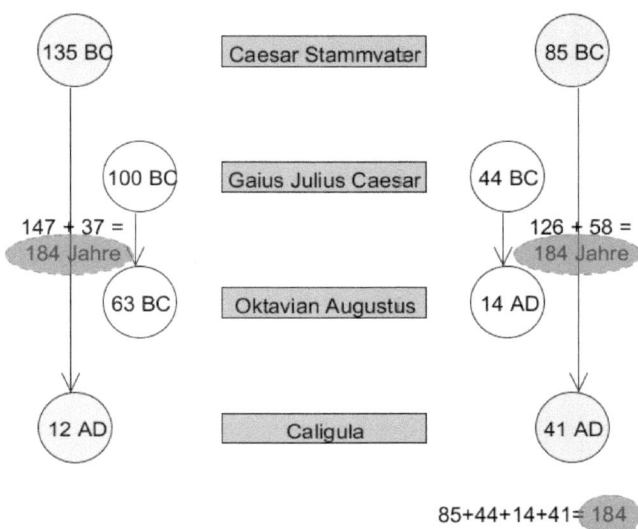

Grafik 32 (oben): Die ganz offensichtlich konstruierten Lebensdaten der Julier –
Geburtsjahre links und Todesjahre rechts

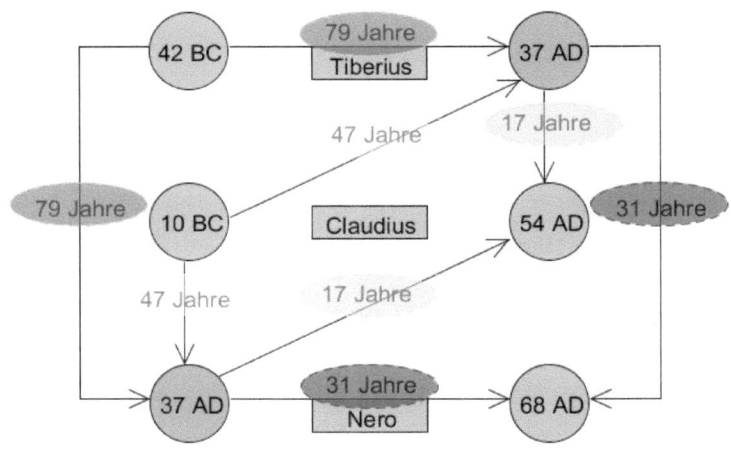

Grafik 33: Die noch offensichtlicher konstruierten Lebensdaten der Claudier –
Geburtsjahre links und Todesjahre rechts

113

Bei "natürlich" entstandenen Zahlenfolgen kann es so auffällige Wiederholungen der Zahlenverhältnisse, wie hier bei der Julisch-Claudischen Dynastie, nicht geben. Die Daten müssen daher zwingend konstruiert sein, was zunächst einmal noch nicht zwangsläufig bedeutet, dass auch die Personen erfunden sind.

Dazu kommen aber noch weitere ganz offensichtlich am Schreibpult, und nicht in der Realität, entstandene geschichtliche Abläufe, z. B.:

Tiberius und Caligula regieren nacheinander insgesamt 27 Jahre (14 - 41). Dann wird Caligula ermordet, und zwar mit Dolchen.

Danach regieren Claudius und Nero nacheinander insgesamt 27 Jahre (41 – 68). Dann tötet sich Nero mit Hilfe seines Dieners, da er sonst ermordet worden wäre, mit einem Dolch – also quasi erzwungener Selbstmord.

Nach dem Vierkaiserjahr 68 regieren Vespasian, Titus (nach [Pfister 2019] identisch mit Vespasian) und Domitian nacheinander insgesamt 27 Jahre (69 – 96). Dann wird Domitian ermordet, und zwar mit einem Dolch.

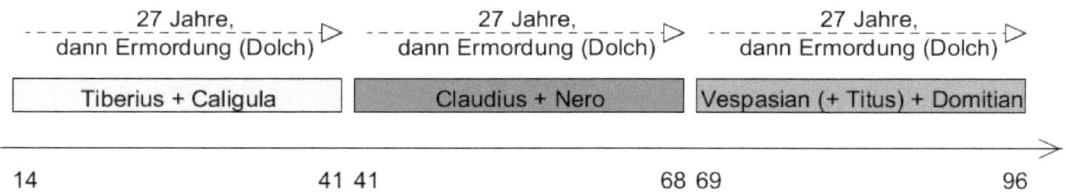

Grafik 34: Das erste Jahrhundert n. Chr. - Alle 27 Jahre gibt es einen Kaisermord

Es geht hier in erster Linie um Ereignisse, die aus dem Werk des antiken Geschichtsschreibers Sueton bekannt sind. Sueton (51 – 96 n. Chr.) beschreibt in seinen *Kaiserbiographien* ("De vita Caesarum") die zwölf römischen Herrscher von Gaius Julius Caesar bis Domitian, also die Zeit von 100 v. Chr. bis 96 n. Chr. Diese Ereignisse können ganz offensichtlich nicht so stattgefunden haben, wie es in den Geschichtsbüchern steht.

Auch die nachfolgende antike Römerzeit ist ein Fake

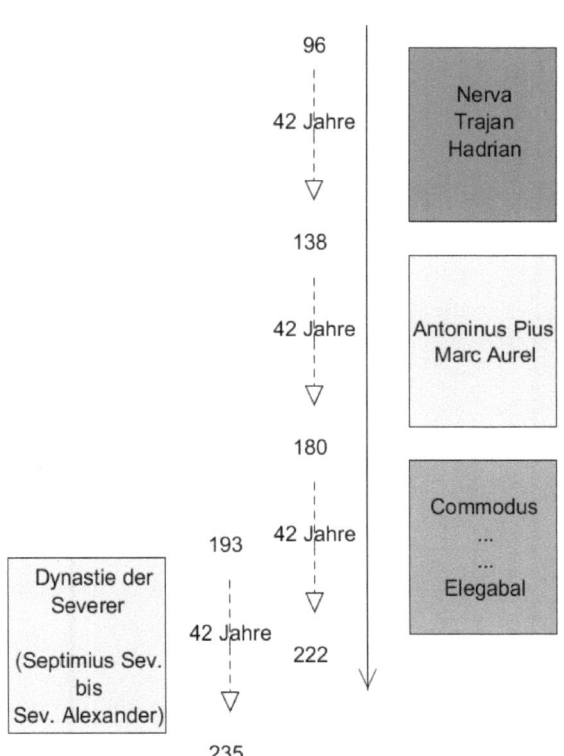

Von Marius Maximus (um 165 – 230) sollen zwölf Kaiserbiographien der Kaiser von Nerva bis Elegabal stammen. Diese umfassen den Zeitraum von 96 – 222 (3 x 42 Jahre). Marius Maximus setzt damit Sueton, der ebenfalls zwölf Biographien verfasste, unmittelbar fort.

Die Strukturierung in drei Intervalle von jeweils 42 Jahren ist sofort erkennbar. 42 Jahre - das sind 3 x 14 Jahre. 3 x 14 Jahre – das entspricht den 3 x 14 Generationen von Abraham bis Jesus Christus nach dem Matthäus-Evangelium.

Grafik 35: Rechts die Kaiser der Biographien von Marius Maximus in drei 42-Jahres-Intervallen. Links die Dynastie der Severer – ebenfalls 42 Jahre lang.

Weitere Strukturierung der Geschichte des Römischen Reiches

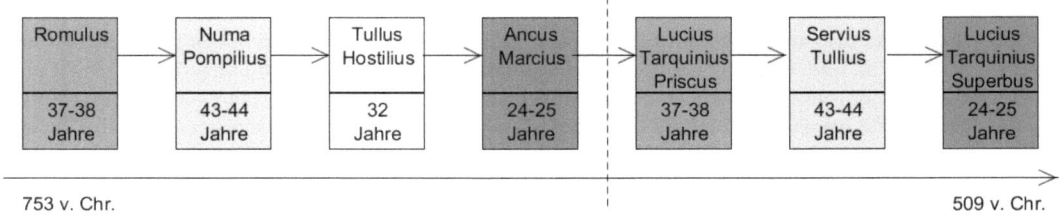

Grafik 36: Die Amtszeiten der römischen Könige von 753 – 509 v. Chr. wiederholen sich regelmäßig.

115

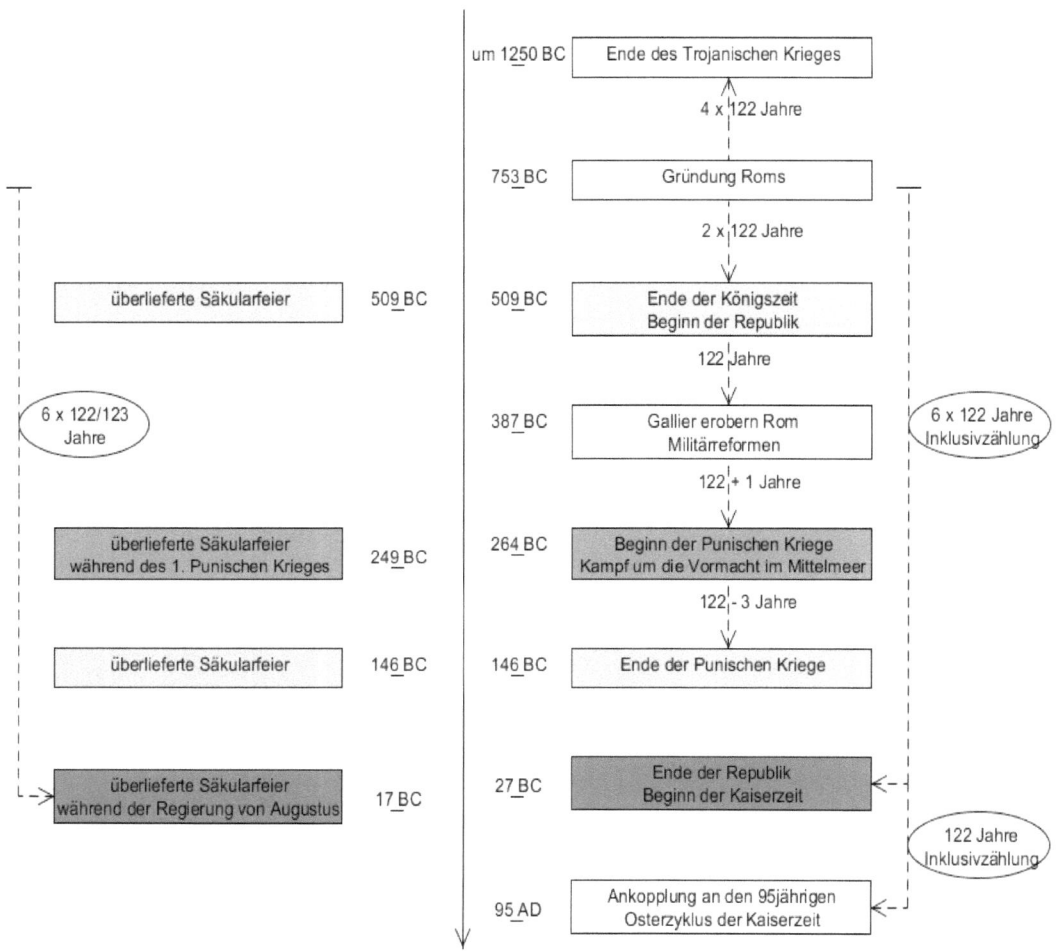

Grafik 37: In der römischen Antike wurden sogenannte Saecularfeiern abgehalten, orientiert am Gründungsjahr Roms (753 v. Chr.). Traditionell wird von einer Länge eines Saeculums von 110 Jahren ausgegangen. Überliefert sind bis zur Zeit von Kaiser Augustus lediglich vier Säkularfeiern in den Jahren 509 v. Chr., 249 v. Chr., 146 v. Chr. und 17 v. Chr. Nun passt keines dieser vier Jahre in das 110-Jahres-Raster - nicht mal ansatzweise! Die vom Autor vorgeschlagene Strukturierung der Römerzeit in 122-Jahres-Abständen (rechts) und die dazu perfekt passenden überlieferten Säkularfeiern bis zu Augustus. Ansonsten sind v. u. Z. keine Säkularfeiern überliefert. 122 Jahre = 95 + 27 Jahre. Diesen Jahreszahlen begegnen wir gleich wieder.

116

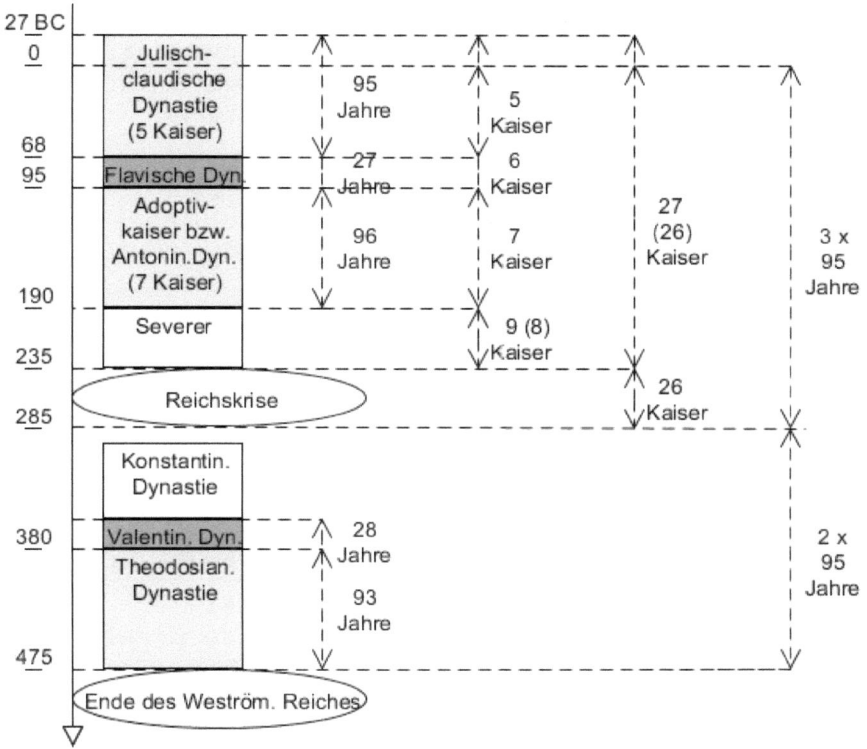

Grafik 38: Die Strukturierung der römischen Kaiserzeit bis zum Ende des Weströmischen Reiches. Enthalten sind die legitimen Kaiser und die gleichrangigen Mitkaiser. Links auf der Zeitleiste sind die 95er Schritte und zwei weitere wichtige Daten eingetragen. Die zwei Kaiserzahlen in Klammern sind der Idealwert, die Zahlen ohne Klammern diejenigen derzeit nach offizieller Geschichte.

Im Römischen Reich gab es bis zum Ende des Westreichs im Jahre 476 insgesamt sieben Herrscher-Dynastien, neben einer ganzen Menge weiterer Kaiser. Jeweils in den genannten Jahren der 95-Jahres-Intervalle (+/- 2) kommt eine neue Herrscher-Dynastie an die Macht bzw. endet eine alte:

117

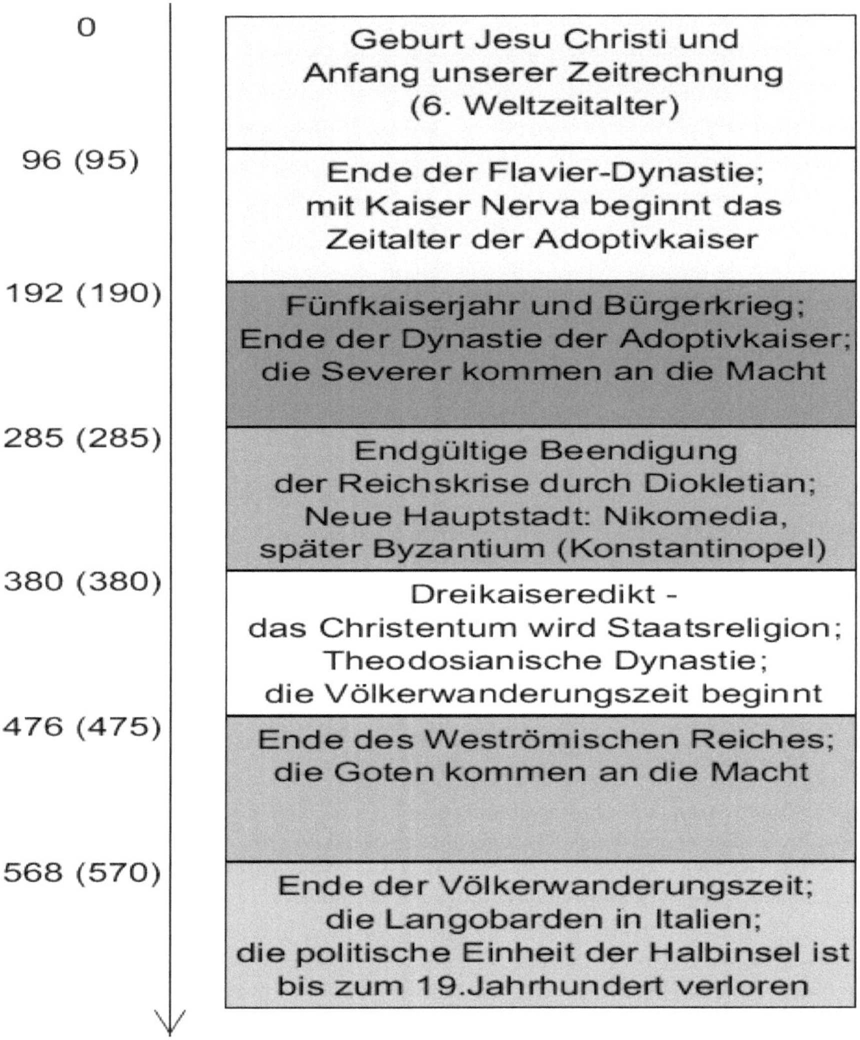

0	**Geburt Jesu Christi und Anfang unserer Zeitrechnung (6. Weltzeitalter)**
96 (95)	**Ende der Flavier-Dynastie; mit Kaiser Nerva beginnt das Zeitalter der Adoptivkaiser**
192 (190)	**Fünfkaiserjahr und Bürgerkrieg; Ende der Dynastie der Adoptivkaiser; die Severer kommen an die Macht**
285 (285)	**Endgültige Beendigung der Reichskrise durch Diokletian; Neue Hauptstadt: Nikomedia, später Byzantium (Konstantinopel)**
380 (380)	**Dreikaiseredikt - das Christentum wird Staatsreligion; Theodosianische Dynastie; die Völkerwanderungszeit beginnt**
476 (475)	**Ende des Weströmischen Reiches; die Goten kommen an die Macht**
568 (570)	**Ende der Völkerwanderungszeit; die Langobarden in Italien; die politische Einheit der Halbinsel ist bis zum 19.Jahrhundert verloren**

Grafik 39: Die ganz offensichtlich am Schreibpult entstandene Strukturierung der Geschichte des Römischen Reiches in sieben Osterzyklen von je 95 Jahren seit der Geburt Jesu Christi (in Klammern exakte Zahl der 95er Osterzyklen)

118

History Hacking – Anything goes

Fälschungen in der Geschichte

Das Thema "Fälschungen" ist in der Mediävistik (Mittelalter-Wissenschaft) ein zentrales Thema. Dies belegt ein mehrtägiger Internationaler Kongress der Monumenta Germaniae Historica (Institut für die Erforschung des Mittelalters) im Jahre 1986. Ein sechsbändiger Tagungsband mit fast 3000 Seiten dazu wurde veröffentlicht [MGH 1986].

Im ganz frühen Mittelalter, bei den Merowingern (6. - 8. Jahrhundert), sind bereits jetzt schon zwei Drittel aller Urkunden als Fälschungen entlarvt. Bei den nachfolgenden Karolingern (8. - 10. Jahrhundert) ist es derzeit fast die Hälfte. Nach dem Rechtshistoriker H. C. Faußner sind nahezu alle Königsurkunden vor 1122 (Wormser Konkordat) Fälschungen [Faußner 2003].

Der Beweis der Echtheit der noch nicht als falsch (gefälscht/verfälscht) erwiesenen Urkunden ist nicht möglich. Sie werden aber traditionell so lange als "echt" bezeichnet, bis ihre Falschheit festgestellt ist.

Außerdem sind nicht alle Fälschungen entdeckt. Der Historiker Johannes Fried wies darauf hin, immer wieder zu prüfen, ob nicht neue Fälschungen entdeckt werden können.

Weiterhin wurde festgehalten: Da nicht a priori feststeht, ob die Urkunden wirklich "authentische Inhalte tradieren" oder nicht, kann man aus dem Urkundeninhalt auch keine "Rückschlüsse auf tatsächliches Geschehen ziehen". Ob sie "authentische Inhalte tradieren" oder nicht, kann man nur mit einem Vergleich mit bereits abgesicherten Fakten bestimmen.

Gefälschte Urkunden lassen auch ohne Vergleich mit bereits abgesicherten Fakten keine Rückschlüsse auf die näheren Umstände zum Zeitpunkt der Fälschung zu. Gerade die Vortäuschung falscher Tatsachen ist ja der Zweck einer Fälschung.

Es gibt eine Vielzahl von Beispielen für ehemals für wahr gehaltene Geschichte, die aber mittlerweile von der offiziellen Geschichtswissenschaft nicht mehr als wahr angesehen wird.

Abb. 49: Darstellung der Konstantinischen Schenkung auf einem Fresko von 1246, Silvesterkapelle bei der Basilika Santi Quattro Coronati in Rom. Konstantin I. (römischer Kaiser von 306-337) schenkt dem Papst Silvester I. die westliche Hälfte des Römischen Reiches. Die Urkunde wurde im Jahre 1440 als Fälschung entlarvt.

Das geht los bei der Schöpfung der Welt in der Bibel und einer ganzen Menge darin enthaltener Geschichten, weiter bei den griechischen und römischen Sagen, über die ehemaligen Märchen-Könige der Schweden und Polen vor dem 10.

Jahrhundert, über die misslungenen Versuche tschechischer Nationalisten im 19. Jahrhundert, eine uralte tschechische Kultur zu erfinden, über den Nachweis der Fälschung von bislang zwei Drittel der Urkunden aus der Merowinger-Zeit, bis zu kirchlichen Fälschungen - hier ist wohl die Konstantinische Schenkung am bekanntesten. Und das wird immer so weiter gehen.

Diese Erfindungen und Fälschungen tauchen natürlich in den heutigen Geschichtsbüchern nicht mehr auf, allenfalls als Mythen, ebenso wenig wie heute noch die Physik des Aristoteles gelehrt wird. Daher sind sie vielen auch gar nicht bekannt.

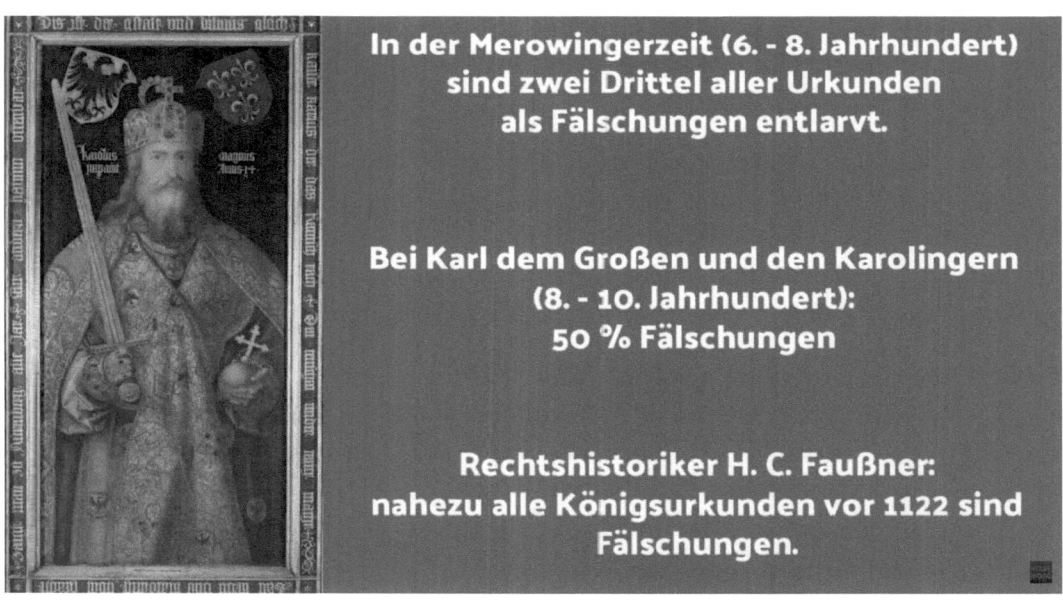

Wissenschaftlichkeit in der Geschichtswissenschaft

Wissenschaftlichkeit an sich ist kein Beweis für die Richtigkeit oder Falschheit der innerhalb der jeweiligen Wissenschaft untersuchten Gegenstände. Die Existenz dieser Gegenstände wird vielmehr schon vorausgesetzt. Daher kann die Geschichtswissenschaft im derzeitigen Stadium ihrer Entwicklung auch nur beschränkt etwas zum Verständnis der Zeit vor dem Ende Alteuropas beitragen.

Dies entspricht dem derzeitigen Zustand der Wissenschaft Theologie, die auch nichts zur Klärung der Frage beitragen kann, ob es Götter und andere Himmelsgeister tatsächlich gibt oder nicht.

Dies kann man ganz einfach an der Entwicklung der sogenannten "Quellenkritik" (genauer: Schriftquellenkritik) im Laufe der Jahrhunderte erkennen, für die Ausgangspunkt war und ist "Alles ist echt", und nicht "Alles ist falsch" und muss erst als echt bewiesen werden.

Der Einwand, dass eine Reihe von Schriftquellen aus dem Mittelalter beweisen würden, dass die Reihenfolge der Könige so war, wie es die offizielle Geschichte lehrt, erweist sich bei genauer Prüfung als typisches Argument geschlossener Systeme nach dem Philosophen Karl Raimund Popper (1902-1994), also letzten Endes als logischer Fehlschluss.

Denn mit diesem Argument könnte z. B. jemand, der an den Wortlaut der Bibel glaubt, auch die Schöpfung der Welt in sechs Tagen beweisen. Als einziges Argument reicht dem Gläubigen die Schriftquelle für die Schöpfung der Welt, der entsprechende Bericht in der Bibel. Alle Gegenargumente wird er mit der Behauptung widerlegen, dass die Quellen dagegen sprechen.

Diese Auffassung der Dogmatiker - "Alle Schriftquellen sind echt und es ist wahr, was darin steht, außer es spricht eine andere Quelle dagegen" - impliziert einen absoluten Wahrheitsanspruch, der nicht erfüllbar ist. Das bedeutet nämlich: Alles ist automatisch wahr, was in den Schriftquellen steht. Mit dieser Methodik kann die Geschichtswissenschaft nicht zu tragfähigen Ergebnissen über die tatsächliche entfernte Vergangenheit kommen.

Dogmatiker unter den Historikern verfahren nach dem gleichen Schema. Sie stehen auf den Standpunkt, dass die Schriftquellen der Antike und des Mittelalters alle echt wären, bis nicht für jede einzelne von ihnen nachgewiesen ist, dass sie falsch ist. Das ist aber nicht nur eine unzulässige Übertragung heutiger Ansichten zur Geschichtsschreibung in einem kleinen Teil der Welt (Anspruch auf Objektivität) auf vergangene Zeiten, sondern auch angesichts des jetzt schon bekannten Umfangs an Fälschungen vollkommen naiv.

Die Sicht der Bibel von der Schöpfung der Welt hat man auch nicht dadurch widerlegt, dass man nachgewiesen hat, dass der Bibeltext eine Fälschung ist. Man hat einfach einen rationaleren Weg zur Wissensfindung eingeschritten. Genau das ist der Weg der Geschichtsanalytiker und Chronologiekritiker

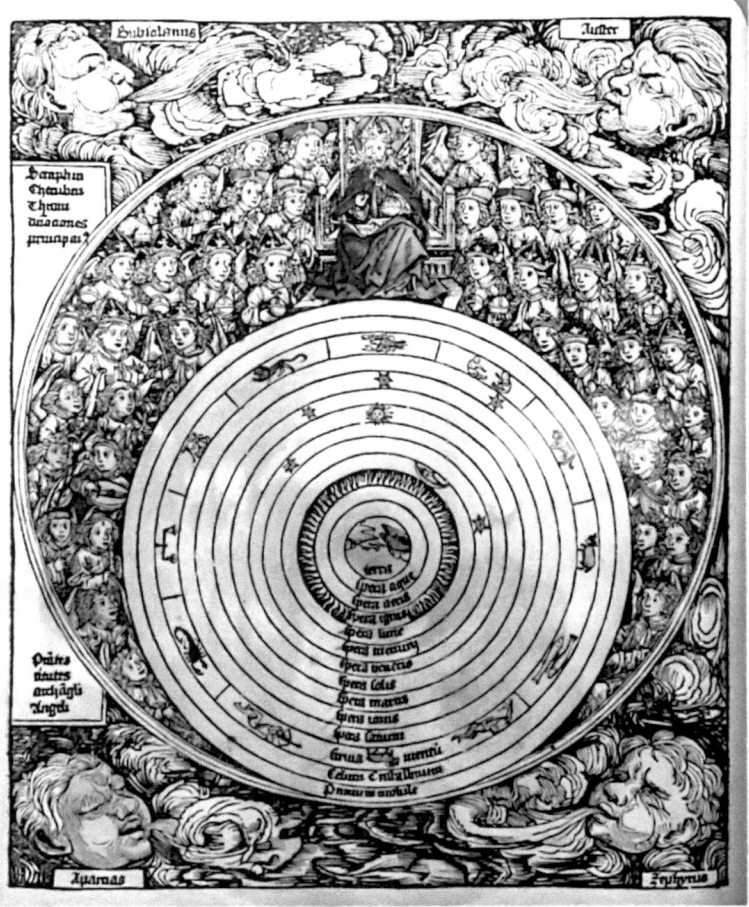

Abb. 50: Das geozentrische Universum, aus der "Weltchronik" von Hartmann Schedel (1493)

Geschichte nach geometrischer Methode

Abb. 50 zeigt eine mittelalterliche (Ideal-)Vorstellung des Universums mit der Erde im Mittelpunkt. Um die Erde bewegen sich Mond, Sonne und die damals bekannten fünf Planeten (Merkur, Venus, Mars, Jupiter und Saturn) auf Kreisbahnen. Ganz außen befinden sich die Fixsterne, hier konkret die zwölf Sternbilder des Tierkreises.

Aber: Man wusste jedoch (spätestens seit dem antiken Astronomen Claudius Ptolemäus), dass das eigentlich nicht stimmte, denn bei den Planeten waren eben keine exakten Kreisbahnen beobachtbar, sondern sogenannte Epizykeln (kleinere Kreisbahnen auf der großen). Kreisbahnen waren das Paradigma dieser Zeit, da sie als ideale Form der Bewegung galten, wie es der antike griechische Philosoph und Wissenschaftler Aristoteles gelehrt hatte. Wir sehen also eine geometrisch idealisierte Darstellung.

Was die Zeit betrifft, so lebt nach christlichem Verständnis Jesus Christus in der Mitte der Zeit. Ist das nun göttliche Bestimmung oder eine symmetrische Idealisierung aus religiösen Motiven? Nach dem Lukas-Evangelium wird die Zeit eingeteilt in

1) Die Zeit vor Jesus Christus: das Gesetz des Alten Testaments und die Propheten bis zu Johannes dem Täufer,

2) Die Zeit von Jesus Christus als die "Mitte der Zeit",

3) Die Zeit zwischen Jesu Himmelfahrt und dem Beginn des 7. Weltzeitalters.

Jerusalem, wo er nach christlicher Auffassung am Kreuze starb und wo sein Grab liegt, befindet sich nach mittelalterlicher Auffassung in der Mitte der Welt.

Abb. 51 zeigt die Erde als damalige Idealvorstellung mit Jerusalem im Mittelpunkt. Auch hier wich man bewusst von der Realität ab, da man natürlich genau wusste, dass die Küstenlinien nicht so exakt dem Ideal folgen. Also auch dies ist eine geometrisch idealisierte Darstellung.

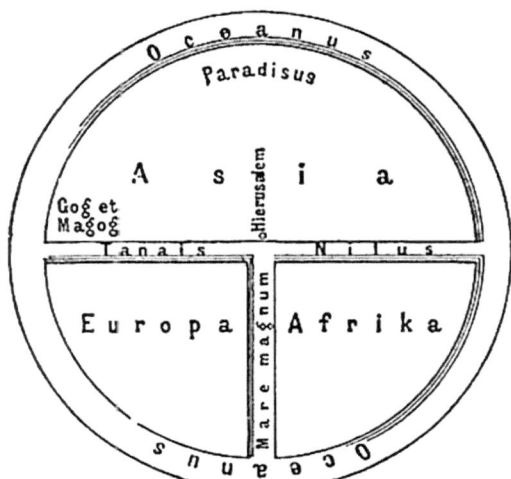

Abb. 51: Die Erde mit Jerusalem im Mittelpunkt nach mittelalterlicher, christlicher Vorstellung

Da liegt natürlich die Annahme nahe, dass es mit der Darstellung der Geschichte in Raum und Zeit ebenso sein könnte wie in der Astronomie, der Zeitrechnung und der Geographie. Der Herrschaftsanspruch der christlichen Könige des Mittelalters wurde ja auf den Schöpfer der Welt, Gott, zurückgeführt. Das (Heilige) Römische Reich galt nach christlicher Vorstellung als das letzte Weltreich vor dem Untergang der diesseitigen Welt. Da liegt es nach damaligem Verständnis nahe, dass sich die Ordnung und Schönheit der Schöpfung Gottes nicht nur im Universum und auf der Erde, sondern auch in der Geschichte der Söhne Adams widerspiegelt, und vor allem in der Abfolge der gottgewollten Herrscher des Mittelalters.

H.W. Goetz, der über den Geschichtsschreiber Otto von Freising und andere Historiographen des Hochmittelalters schreibt, stellt fest:

"Zeit ist linear, wenngleich sich in ihr ein ständiges Auf und Ab vollzieht. Dem Historiographen bringt sie gewissermaßen Ordnung in das Chaos der Geschichte. In mittelalterlicher Sicht bedeutet das aber ein Auffinden der vorgegebenen (göttlichen) Ordnung.

[...] die Ordnung hingegen lässt den göttlichen Plan erkennen. [...]

125

... der wissbegierige Forscher aber - und das ist für Otto der tenor hystoriae - »eine wohl-geordnete Folge der vergangenen Ereignisse« vorfindet." [Goetz 1993]

Wichtige Faktoren bei der Strukturierung der Geschichtsschreibung waren Zahlensymbolik und Astrologie. Auf diese Art und Weise wurde z.B. ermittelt, wann die Stadt Rom gegründet wurde. Varro (116 v.u.Z. - 27 u.Z.) ging vom Untergang Trojas aus (1193 v.u.Z. nach heutiger Zeitrechnung), und berechnete die Gründung Roms vier Saecula à 110 Jahre, also 440 Jahre, später. Dies war für ihn die nach Astrologen richtige Zeitspanne zwischen Tod und Wiedergeburt. Das ist das Jahr 753 v.u.Z., das man noch heute allgemein verwendet.

Weitere Beispiele sind das Datum der Erschaffung der Welt oder das Datum der Geburt des Messias. Im christlichen, europäischen Mittelalter war das zahlensymbolische Vorbild natürlich die Bibel. Am Beispiel des "Annoliedes", einer Geschichtsdichtung, die dem 11. Jahrhundert zugeschrieben wird (erster Druck 1639 nach der einzigen Handschrift, die seitdem verschwunden ist), kann man gut erkennen, wie biblisch geprägte Zahlensymbolik die dargestellte Geschichte strukturiert. Bei diesem Werk spielen die Zahlen 3, 4, 7 und 33 eine besondere Rolle.

Diese werden offensichtlich derzeit in der offiziellen Geschichte als Einzelfälle wahrgenommen, weil das ganze Ausmaß noch nicht bekannt ist. Aber es sind keine Einzelfälle, sondern nur typische Beispiele einer idealisierten Konstruktion der gottgewollten Geschichte nach den Gesetzen der Geometrie in einer Zeit mit andersartigen Gesellschafts-, Religions- und Herrschaftsverhältnissen als heute.

Die Geometrie diente seit der Antike in den Wissenschaften als Methode, alles in ein System mit idealen und symmetrischen Formen zu gießen, auch Dinge, die eigentlich unbekannt waren. Höhepunkt dieser rationalistischen Weltanschauung war das 17. Jahrhundert. Französische Gärten mit ihrer symmetrischen Anordnung (altgriechisch συμμετρία = "Ebenmaß") veranschaulichen das Prinzip. In der Philosophie schrieb Baruch Spinoza seine bekannte "Ethica, ordine geometrico demonstrata" (lateinisch = Ethik, nach geometrischer Methode dargelegt) und die Musik Johann Sebastian Bachs durchzieht der der strenge geometrische Aufbau.

In der Naturphilosophie (heute Naturwissenschaft) wurden mit der geometrischen Methode bahnbrechende Erfolge erzielt. Dabei waren Idealvorstellungen von der Welt Grundlage für erfolgreiche Modelle, die die Welt erklärten und Unbekanntes erschlossen.

Johannes Kepler (1571-1630), der Entdecker der drei Gesetze der Planetenbewegung, schrieb in seinem Buch "Harmonices mundi libri V" (Fünf Bücher zur Harmonik der Welt):

"Ich fühle mich von einer unaussprechlichen Verzückung ergriffen ob des göttlichen Schauspiels der himmlischen Harmonie. Denn wir sehen hier, wie Gott gleich einem menschlichen Baumeister, der Ordnung und Regel gemäß, an die Grundlegung der Welt herangetreten ist."

Abb. 52: Gott als (Geometer und) Erschaffer des Universums in einer Handschrift aus dem Mittelalter

Geschichtsanalytik als Systemanalyse

"Geschichtsanalytik erforscht die Modelle der Historiker (auch die chronologischen), deren Entstehungsgeschichte, Struktur, Ausbreitung, Dynamik usw., sucht Fehler, Widersprüche, sucht sie zu korrigieren, zu verbessern, schafft Voraussetzungen für die bessere Rekonstruktion der Vergangenheit." [Gabowitsch 2008]

Das Weltbild zur Zeit der Entstehung der Antike und des Mittelalters unterscheidet sich grundlegend vom heutigen Weltbild. Aber die offizielle Geschichte hat die Geschichtskonstruktionen dieser Zeit übernommen, ohne sie einer radikalen Kritik zu unterziehen, wie es in anderen Wissenschaften zu Beginn der Neuzeit geschah.

Die "kopernikanische Wende" steht noch aus.

Die Vertreter der offiziellen Geschichte haben die "kopernikanische Wende" noch nicht geschafft, vertreten also ein mittelalterliches Weltbild, was die Geschichte betrifft. Und dieses wird mit Geschichtsanalytik aufgedeckt. Deren Ansichten sind mit den Ansichten von Astronomen, Physikern und Biologen vor Kopernikus, Newton und Darwin vergleichbar.

Regelmäßigkeiten, Strukturen und Muster in der Geschichte wären nach diesem Weltbild kein Indiz oder Beweis für eine Fälschung, sondern ein Beweis der göttlichen Ordnung. Das, was wir heute als unmöglichen Zufall und daher erfunden ansehen, wäre früher gar nicht erkannt worden oder wäre als Beweis einer göttlichen Ordnung angesehen worden. Dazu gehört ein neuer Begriff der Wahrscheinlichkeit, der im 17. Jahrhundert entstand.

Aristoteles sagte noch sinngemäß: Der Zufall entzieht sich grundsätzlich der menschlichen Erkenntnis und der Wissenschaft.

Der Geschichtsschreiber Otto von Freising (1112-1158) schrieb in seiner Chronik "Chronica sive historia de duabus civitatibus" ("Geschichte der zwei Staaten") von einem "heilsgeschichtlichen Plan Gottes" in der Geschichte.

Der Unterschied zwischen Vergangenheit und Geschichte

"Geschichte hat einen doppelten Sinn.
Es bezeichnet einmal das, was geschehen ist [...]
Zweitens aber bezeichnet das Wort auch die Darstellung des Geschehenen, die Historie."

Mit diesen Sätzen beginnt das "Lehrbuch der Universalgeschichte" von Heinrich Leo aus dem Jahre 1839.

Geschichte ist das, was Historiker über die tatsächlich abgelaufene Vergangenheit bislang herausgefunden haben (genauer: glauben, herausgefunden zu haben), d.h. das, was auch an Universitäten und Schulen gelehrt wird und in den Büchern der Historiker steht. Die offizielle Geschichte ist jedoch nur ein Modell, eine Vorstellung der tatsächlichen Vergangenheit, nicht die Vergangenheit selbst. Das Modell kann natürlich auch falsch sein.

Vergangenheit ist das, was tatsächlich geschehen ist, das, was die Menschen, die damals lebten, tatsächlich getan und erlebt haben.

Das Wissen über die Vergangenheit kann immer nur unvollständig sein. Je weiter die Vergangenheit zurück liegt, desto unvollständiger wird tendenziell das Wissen über diese Zeiten, was nicht ausschließt, dass es auch Zeitabschnitte geben kann, über die wir dann wieder besser informiert sind.

Besonders problematisch ist hierbei der Zeitraum, für den der Historiker Otto Brunner (1898 - 1982) den Begriff "Alteuropa" geprägt hat, also die Antike, das Mittelalter und die Frühe Neuzeit bis etwa 1800. Das, was wir über diese Zeiten zu wissen glauben, insbesondere über die Antike und das Mittelalter, stammt zum größten Teil aus der Lektüre weltanschaulich und literarisch geformter Berichte.

Nur zu einem sehr geringen Teil haben wir von den vermeintlichen Tatsachen dieser Zeit Kenntnis durch Zeugnisse, die den Handlungen der damals Lebenden selbst entstammen (sogenannte "Überreste", "Zeitzeugnisse"). Hier besteht ein entscheidender Unterschied zur Moderne.

Der Historiker F.-J. Schmale beschreibt dies folgendermaßen:

In der Praxis der Geschichtswissenschaft ist die Historiographie des Mittelalters, ohne dass dies theoretisch begründet worden wäre, daher grundsätzlich anders betrachtet worden als die Historio-graphie der Moderne." [Schmale 1985, S.2]

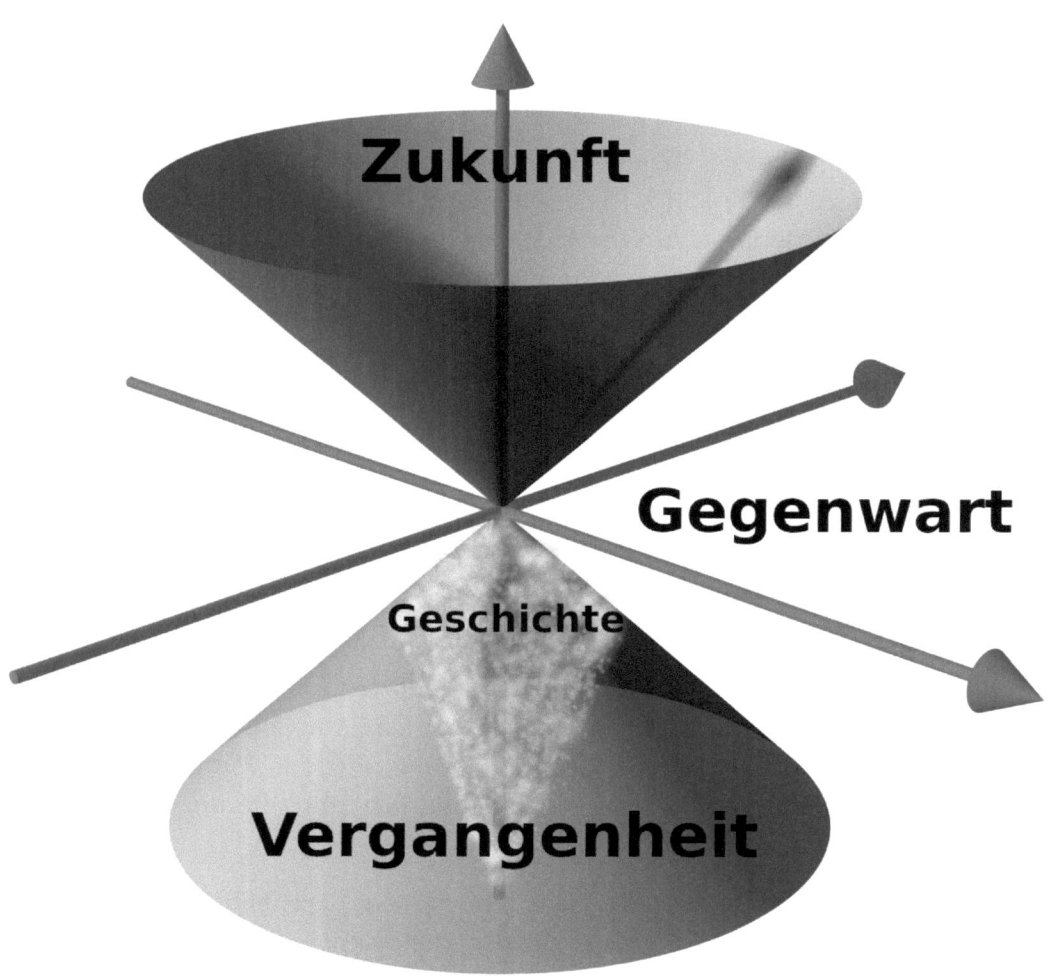

Grafik 34: Modell der Zeit mit Gegenwart, Zukunft, Vergangenheit und Geschichte

Geschichte als Modell der Vergangenheit

Die Unterscheidung zwischen Vergangenheit und Geschichte ist jedoch bislang nicht allgemein anerkannt. Z.B. äußerte sich der Ägyptologe und Kulturwissenschaftler Jan Assmann so:

"Die Vergangenheit entsteht erst dadurch, dass man sich auf sie bezieht." [Assmann 2005, S. 31]

Dies entspricht in etwa der Aussage *"Wenn niemand hinguckt, dann ist der Mond nicht da."*

Eugen Gabowitsch (1938 - 2009), der bekannte Geschichtsanalytiker, kritisierte Assmanns Aussage wie folgt:

*"Falsch! Die Vergangenheit **war**, und wenn man sich auf sie bezieht, oder glaubt, dass man sich auf sie bezieht, dann macht man ein Modell, dann macht man Geschichte."* [Gabowitsch 2008]

Ich zitiere weiterhin Gabowitsch [Gabowitsch 2008]:

"In der Vergangenheit Geschehenes nenne ich Vergangenheit, und die Früchte schriftstellerischer Tätigkeit der Historiker - Erkenntnis, Darstellung, Lehre - nenne ich Geschichte. Geschichte kennen wir gut, man braucht nur Zeit zum Lesen.

Geschichte ist ein Modell der Vergangenheit (auch ein System solcher Modelle). Ein Modell ist Alles, also eine Erzählung, ein Versuch, mathematisch-statistisch etwas darzustellen. Die Modelle sind immer nur eine sehr grobe Annäherung an das Objekt, in diesem Fall die Vergangenheit. Die Geschichte modelliert die Vergangenheit, versucht sie zu beschreiben, zu "rekonstruieren", zu erfinden.

Die Vergangenheit kann nicht falsch (nur unbekannt oder schlecht bekannt) sein.

Die Geschichte kann falsch, schlecht, ungenau, erfunden, mythisch, legendär usw. sein."

Zusammenfassung: Zwei Hauptprobleme der Geschichte Alteuropas und deren Lösung

Die heutige Chronologie der Antike und des Mittelalters entstand in einer Zeit mit einem anderen Weltbild, dem geozentrischen Weltbild inklusive Gott, Aberglaube, Astrologie, Zahlenmystik und geometrisch idealisierter Darstellung.

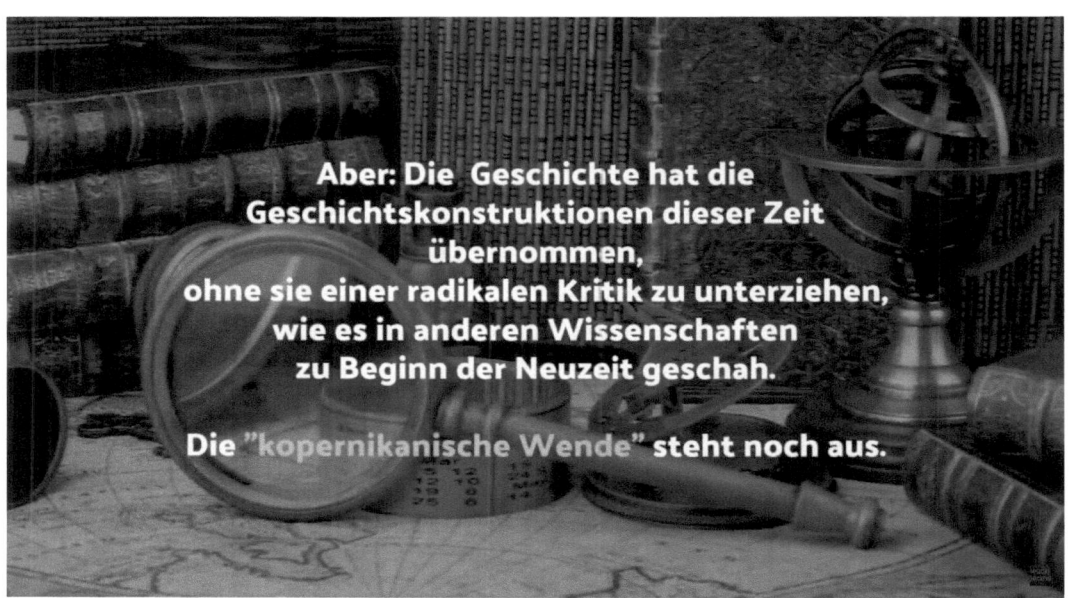

Aber: Die Geschichte hat die Geschichtskonstruktionen dieser Zeit übernommen, ohne sie einer radikalen Kritik zu unterziehen, wie es in anderen Wissenschaften zu Beginn der Neuzeit geschah.

Die "kopernikanische Wende" steht noch aus.

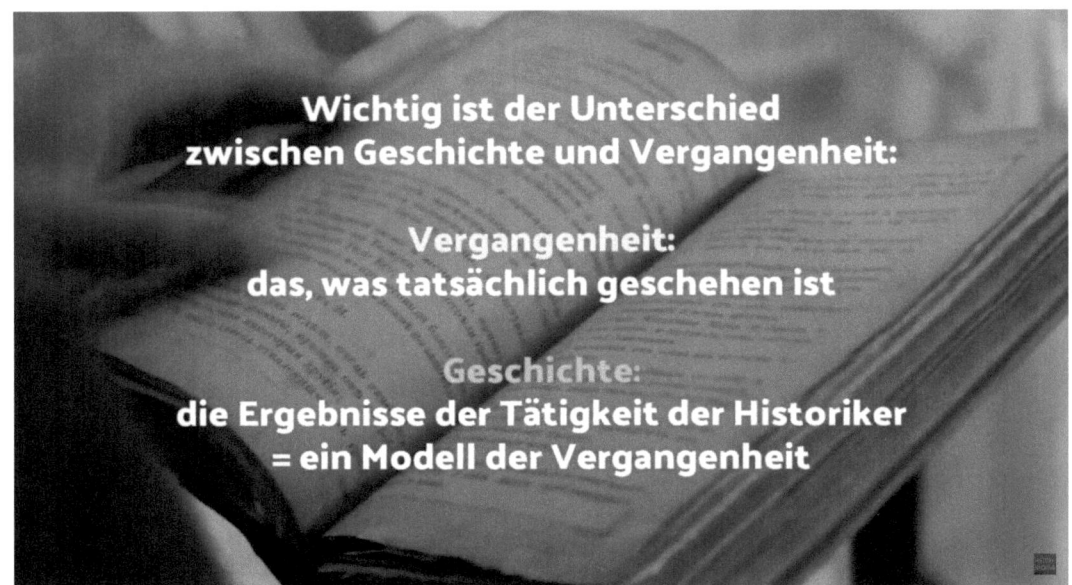

Wichtig ist der Unterschied
zwischen Geschichte und Vergangenheit:

Vergangenheit:
das, was tatsächlich geschehen ist

Geschichte:
die Ergebnisse der Tätigkeit der Historiker
= ein Modell der Vergangenheit

Anything goes

Um den Paradigmenwechsel einer wissenschaftlichen Revolution herbeizuführen (im Sinne des Wissenschaftsphilosophen Thomas S. Kuhn), bedarf es mitunter auch neuer Erkenntnismethoden. Dazu gehören auch Erkenntnismethoden, die es an sich bereits gibt, aber nicht in allen Wissenschaften angewendet werden. Eine Erweiterung dieser Methoden auch auf andere Wissensgebiete kann dann zu völlig neuartigen Erkenntnissen führen.

Der Wissenschaftsphilosoph Paul Feyerabend (1924-1994) vertritt die Auffassung, dass "Anything goes" ("Mach´ was Du willst") die einzig mögliche Beschreibung des Verlaufs wissenschaftlicher Forschung ist. In den Wissenschaften wurde im Laufe der Geschichte immer wieder gegen die geltenden Regeln verstoßen. Gerade dadurch war wissenschaftlicher Fortschritt möglich.

Abb. 50:
Paul Feyerabend: Anything goes

Feyerabend bringt als Beispiel Galileo Galilei, der das heliozentrische Weltbild des Nikolaus Kopernikus übernimmt, obwohl es nach damaligen empirischen Beobachtungen ungenauer ist als das geozentrische System des Claudius Ptolemäus und damit nach Poppers Maßstäben "falsifiziert".

Dadurch, dass er einfach behauptete, dass sich die Erde bewegt, ohne dass es empirisch nachgewiesen war, konnte er seine Fallgesetze entdecken und damit die Bewegungslehre des Aristoteles widerlegen. Es fehlten allerdings harte Fakten und Beweise – trotzdem hielt Galilei an seiner Theorie fest, die erst über 100 Jahre später empirisch bestätigt ("bewiesen") werden konnte.

Es reicht also nicht aus, innerhalb einer alten Theorie zu argumentieren, um diese zu stürzen. Man muss nicht nur über den Tellerrand sehen können, sondern auch daran festhalten, wenn es Widerstand gibt.

Nur mit "anything goes" kann man daher garantieren, dass der wissenschaftliche Fortschritt nicht behindert wird. Dann kann es auch wissenschaftliche Revolutionen geben, wie Thomas S. Kuhn sagen würde.

Abb. 51: Galileo Galilei vor der Inquisition, Gemälde von Cristiano Banti (1824-1904)

"Die Wissenschaftler lösen Probleme nicht darum, weil sie eine Wünschelrute besitzen – die Methodologie oder eine Theorie der Rationalität –, sondern weil sie sich mit einem Problem lange Zeit beschäftigt haben, weil sie die Verhältnisse ziemlich gut kennen, weil sie nicht gerade dumm sind (was heutzutage, wo fast jeder Wissenschaftler werden kann, freilich schon recht zweifelhaft ist) [...]" [Feyerabend 1986, S. 388]

Die Entwicklung neuer Methoden der Erkenntnis (im Sinne Paul Feyerabends) führt zu Ergebnissen, die vollkommen neue Einsichten in die Geschichte Alteuropas erlauben und bereits einen Paradigmenwechsel eingeleitet haben.

Computational Thinking

In den letzten Jahren ist der Ansatz des "Computational Thinking" in Verbindung mit seiner Anwendung über die Informatik hinaus populär geworden. Computational Thinking bedeutet ungefähr so viel wie "Denken wie ein Informatiker" (Informatiker im Englischen: Computer Scientist). Es gibt dafür keinen deutschen Terminus, so dass hier der englische Begriff verwendet wird.

"Wie ein Informatiker zu denken bedeutet mehr, als einen Computer zu programmieren. Es erfordert ein Denken auf mehreren Abstraktionsebenen. [...] Es stellt eine universell anwendbare Einstellung und Fähigkeit dar, die jeder, nicht nur Informatiker, lernen und nutzen sollte." [Wing 2006, S. 33/34]

Kern des Computational Thinking ist die Mustererkennung – als Grundlage für die dazugehörige Entwicklung von Algorithmen. Die Mustererkennung dient der Erkennung von Verallgemeinerungen und Abstraktionen. Mit diesen Algorithmen können dann z. B. auf dem Computer Modelle der Realität erstellt werden, mit denen virtuelle Experimente möglich sind, ohne Beteiligung der realen Welt (z.B. für Tierversuche oder das Wetter). Die Relevanz dieser Modelle hängt natürlich vom Grad der Übereinstimmung mit der Realität ab.

Zum Computational Thinking gehören damit neben der Mustererkennung auch Logik, Verallgemeinerung, Abstraktion, Zerlegung und Modellierung.

Der von Mario Arndt verfolgte geschichtsanalytische Ansatz des History Hacking beruht in erster Linie auf dem Computational Thinking.

Der in der Informatik bekannte (aber schon in den 1950er Jahren unter Amateurfunkern verwendete) Begriff "Hacking" wird hier verstanden als eine unkonventionelle Methode zur Erlangung von Informationen, die mit Hilfe der derzeitigen Methoden der Geschichtswissenschaft nicht zugänglich sind.

Welche Methoden kennt die Geschichtsanalytik?

Geschichtsanalytik bedient sich - neben geisteswissenschaftlicher Textanalyse - insbesondere der Methoden, die aus der Mathematik, der Informatik und den Naturwissenschaften bekannt sind.

Zur Geschichtsanalytik gehören *statistische Methoden*, durch deren Anwendung auf die Geschichte der Mathematiker Anatoli Fomenko bekannt wurde ("History: Fiction or Science?"). Diese Analysen ergeben nach Fomenko, dass die gesamte Geschichte der Antike und des Mittelalters eigentlich nur aus Wiederholungen immer derselben wenigen Geschichten besteht. Die Abfolge der Herrscher und der Ereignisse dieser Jahrtausende sind nach Fomenko nur geringfügig abgeändderte Duplikate von nur wenigen tatsächlichen Geschichten.

Die von Mario Arndt entwickelte *Strukturanalyse* untersucht die Abfolge von Herrschern sowie anderer markanter Ereignisse daraufhin, ob sich darin Muster und Algorithmen befinden. Dies stellt eine Anwendung des Computational Thinking dar. Mehr dazu insbesondere in den Kapiteln *"Die erfundenen Königslisten des Mittelalters"* und *"Der erfundene Kaiser Augustus"* und *"Die erfundene Papstliste"*.

Die Anwendung der *Differentialrechnung (Analysis)* auf Datenreihen zeigt bei der Untersuchung der Werte der historischen Schwankungen der Erdrotation (deren Werte aus der Auswertung von historischen Texten zu Sonnen- und Mondfinsternis-Berichten stammen) interessante Wendepunkte der Kurven der Ableitungen. Mehr dazu im Kapitel *"Die Neudatierung der astronomischen Berichte der Antike"*.

Durch die *Analyse von Jahreszahlen und Daten* werden interessante Zusammenhänge zwischen einzelnen historischen Ereignissen, zwischen den unterschiedlichen Zeitrechnungen der Antike sowie zwischen Geschichte und Heiliger Schrift (Bibel) erkannt. Mehr dazu insbesondere im Kapitel *"9/11 und der Bibelcode in der Geschichte"*.

Methoden der Geschichtsanalytik

1.) Statistik

z.B. Korrelation der Geschichte des alttestamentlichen Israel mit dem Karolingerreich und dem Heiligen Römischen Reich

Israel	Karolinger und Heiliges Römisches Reich	Bemerkungen
1. König Saul	1. König Pippin	Als erster Herrscher Israels und des Frankenreiches rituell gesalbt
Esbaal ist kurzfristig im Norden König	Karlmann ist kurzfristig im Süden König	"Kleine Teilung", die nur kurzfristig ist ohne Einfluß bleibt, nach dem Tod des ersten Königs
2. König David (= Liebling)	2.. König Karl der Große (Carolus = Liebling = David) Er verglich sich mit David, aber als Josia = Karl I. von Anjou nach Fomenko	Große Krieger; Expansion des Reiches und Höhepunkt der Machtfülle; Vorbilder für spätere Könige
3. König Salomon (=der Friedliche)	3. König Ludwig der Fromme	Konsolidierung und Gesetzgebung
Bau des Tempels zu Jerusalem	Bau der Aachener Pfalzkapelle	Errichtung eines für die nächsten ca. 1000 Jahre symbolisch wichtigen Kirchenbaus innerhalb von ca. 7 J.
Saul => Salomon: ca. 1079 - 931 BC	Pippin => Ludwig: 751 - 840 (911) AD (Ludwig IV. 900-911)	Bei den 3 Königen sind noch heidnische Elemente vorhanden, was in den Quellen immer betont wird; Rückfall in alte Gebräuche; Abfall vom richtigen Glauben
ca. 931 BC Teilung des Reiches Israel und Juda	843 AD Teilung des Reiches (911 AD endgültige Teilung) West- und Ostfrankenreich	Nach dem Tod des 3. Königs Teilung des Reiches
931 BC – 597 BC	843 / 911 AD – 1309 AD	Zeit von der Teilung des Reiches bis zur Babylonischen Gefangenschaft; Kern der römisch-deutschen und französischen Systeme der Königsnamen mit den Ludwigs und Karls direkt davor und danach, aber nicht innerhalb
597 – 539 BC Babylonisches Exil, auch Babylonische Gefangenschaft genannt	1309 - 1377 AD Papstsitz Avignon, auch Babylonische Gefangenschaft genannt	Babylonische Gefangenschaft

2.) Strukturanalyse

untersucht die Abfolge von Herrschern sowie anderer markanter Ereignisse daraufhin, ob sich darin Muster und Strukturen befinden

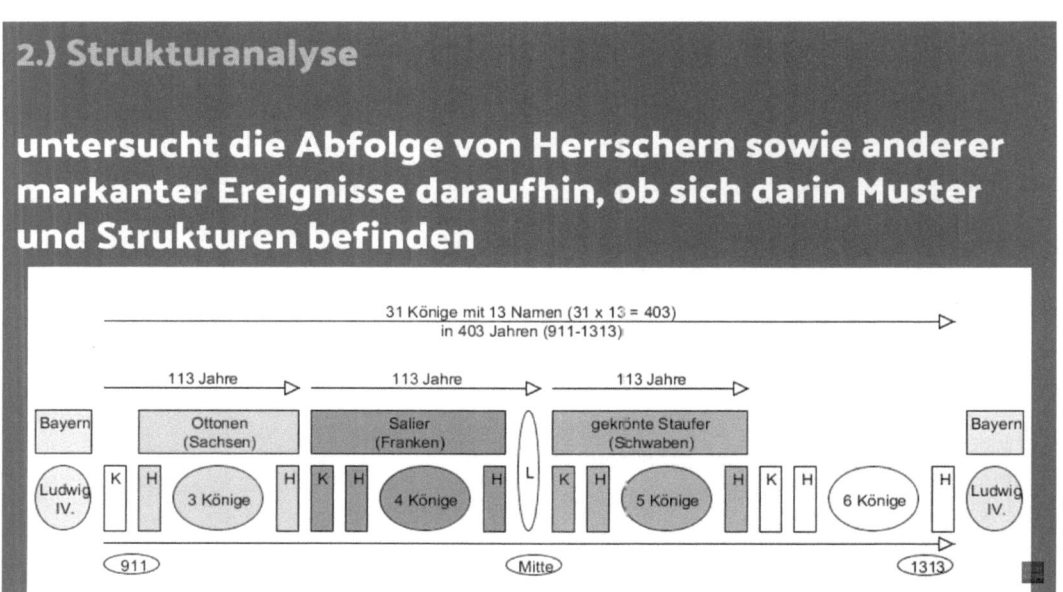

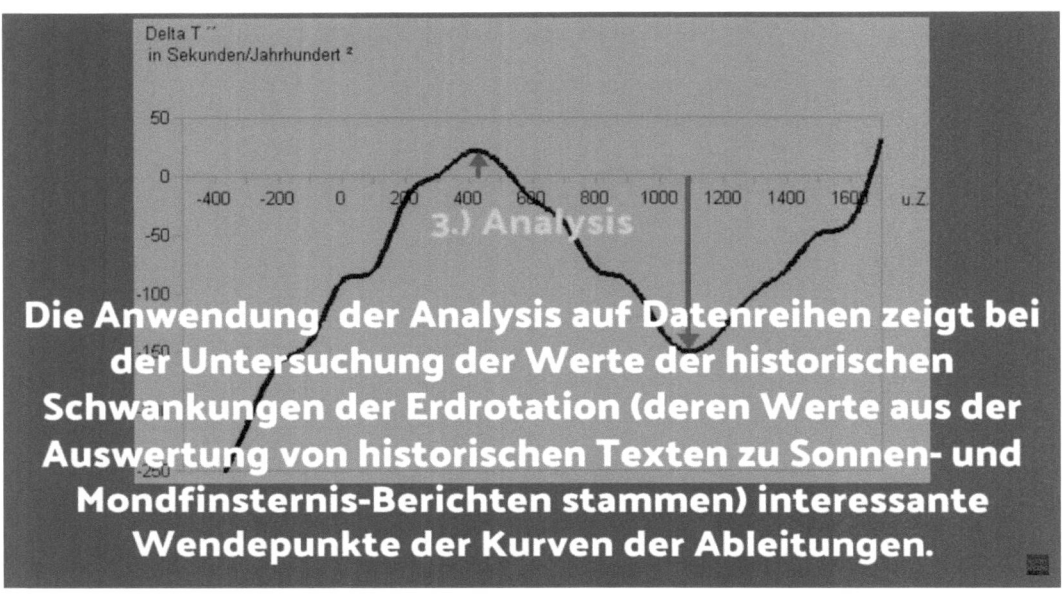

Die Anwendung der Analysis auf Datenreihen zeigt bei der Untersuchung der Werte der historischen Schwankungen der Erdrotation (deren Werte aus der Auswertung von historischen Texten zu Sonnen- und Mondfinsternis-Berichten stammen) interessante Wendepunkte der Kurven der Ableitungen.

Die Neudatierung der astronomischen Berichte

Chronologie und Astronomie

Bereits der Begründer der wissenschaftlichen Chronologie Joseph Justus Scaliger (1540-1609) bediente sich der Astronomie und stand dabei mit Astronomen in Verbindung, die ihn bei den Berechnungen unterstützten, u.a. mit Johannes Kepler (1571-1630), dem Entdecker der Planetengesetze. Diese Berechnungen dienten der Verknüpfung von astronomischen Ereignissen, in erster Linie Sonnen- und Mondfinsternisse, mit historischen Ereignissen und damit der Chronologie. Die Astronomie war und ist also ein wichtiges Gebiet für die Etablierung einer gültigen, allgemein anerkannten Chronologie.

Abb. 52 (links):
Johannes Kepler
und
Abb. 53 (rechts):
Joseph Justus
Scaliger -
Das Dream Team
der Chronologie

Jedoch gab es weder in dieser Zeit noch zuvor Meinungsfreiheit oder freie Forschung (nach offizieller Geschichte nur von wenigen Ausnahmen abgesehen, was jedoch auch höchst zweifelhaft ist). Es ist daher vollkommen offen, ob die seinerzeit festgelegte, und bis heute gültige Chronologie, mit Jesus Christus am Anfang unserer Zeitrechnung, etwas mit der Realität, der tatsächlichen Vergangenheit, zu tun hat.

Sie könnte genauso gut von den damaligen Herrschern verordnet worden sein, z.B. im Sinne einer Verankerung der christlichen Religion in der Geschichte, mit Jesus Christus in der Mitte der Zeit, genauso wie sich nach damaligen Vorstellungen Jerusalem in der Mitte der Welt befand.

Ich zitiere H. Fuhrmann, den ehemaligen Präsidenten der "Monumenta Germaniae Historica" (Deutsches Institut für die Erforschung des Mittelalters):

"Wenn aber eine Lehre von Trägern der Herrschaftsgewalt verordnet wird, kann das eintreten, was wir von der geschlossenen Gesellschaft des Mittelalters und dem Totalitarismus der Neuzeit kennen: die Wahrheitsfindung wird gelenkt. Nicht die Frage der Echtheit oder Unechtheit entscheidet über Wahrheit und Erheblichkeit einer Schrift, sondern ihre Übereinstimmung mit der Doktrin. In George Orwells Roman "1984" ist eines der nur vier Ministerien des totalitären Staatsgebildes das "Wahrheitsministerium", das über das Wissensgut wacht und die Wahrheit bestimmt."
[Fuhrmann 1988, Vorwort zu MGH Band 33.I.]

Da die Etablierung der heute gültigen Chronologie mit Hilfe der Astronomie erfolgte, kann eine Chronologiekritik ohne die angemessene Berücksichtigung der hierbei wichtigsten astronomischen Ereignisse - Sonnen- und Mondfinsternisse - nicht zu validen Ergebnissen führen.

Diese von Scaliger gefundene Zuordnung astronomischer Ereignisse, insbesondere von Sonnen- und Mondfinsternissen, zur Zeitskala, der Chronologie, ergibt sich ausschließlich aufgrund der überlieferten (ohne Beweis für echt gehaltenen) Finsternis-Berichte, deren chronologischer Einordnung nach offizieller Geschichte und deren wissenschaftlich fragwürdiger Interpretation.

Diese Zuordnung passt zwar für einen Teil, aber längst nicht für alle überlieferten Finsternis-Berichte, da neben der Ungenauigkeit der Aufzeichnungen der Anteil an nachträglich eingefügten, zurückgerechneten und literarischen Eklipsen an den überlieferten Ereignissen unbekannt ist. Der Historiker A. Demandt bemerkt hierzu:

"Von den etwa 250 Nachrichten der antiken Literatur über Sonnen- und Mondfinsternisse sind über 200 ungenau oder falsch." [Demandt, S. 469]

Problematisch bei der Zuordnung der offiziellen Geschichte ist, dass sie nur funktioniert, wenn man starke, willkürliche Schwankungen der Erdrotation im Frühmittelalter und in der Antike in die Berechnungen einfließen lässt. Durch diese Schwankungen der Erdrotation entstehen Abweichungen der Universalzeit von der Terrestrischen Zeit, Delta T genannt, die die Sichtbarkeit von berechneten Finsternissen beeinflussen. Dazu später mehr.

Zur Sonnenfinsternis vom 16. 6. 364, beobachtet von Theon von Alexandria, schreibt der britische Astronom F. Richard Stephenson (* 1941):

"Es ist nach wie vor die einzige Sonnenfinsternis, für die sorgfältige Zeitmessungen aus dem antiken Europa verfügbar sind." [Stephenson 1997, S. 365]

Um Stephenson zu präzisieren: Aus dem antiken Europa ist uns keine einzige Sonnenfinsternis mit Zeitangaben und weiteren Details überliefert, und somit ansatzweise auch überprüfbar, da die Beobachtung in Alexandria erfolgte, was bekannterweise nicht in Europa liegt.

Beispiel: Die drei Finsternisse des Thukydides im Peloponnesischen Krieg

Die Problematik der Zuordnung von überlieferten Finsternis-Berichten zu berechneten Eklipsen soll im Folgenden an einem Beispiel (einem sehr bekannten dazu) verdeutlicht werden.

Der griechische Geschichtsschreiber Thukydides hat in seiner Beschreibung der ersten zwanzig Jahre des Peloponnesischen Krieges (431 – 404 v. Chr.) drei Finsternisse erwähnt (zitiert u.a. von [Gautschy, S. 5/6]).

Dies sind zwei Sonnenfinsternisse im Abstand von 7 Jahren und eine Mondfinsternis 11 Jahre nach der zweiten Sonnenfinsternis. Ein genaues Datum wird nicht genannt.

Die erste Sonnenfinsternis wurde im Sommer des ersten Kriegsjahres nach Mittag beobachtet, wobei die Sonne die Form einer Sichel annahm und Sterne sichtbar wurden. Es war also eine totale Sonnenfinsternis.

Die zweite Sonnenfinsternis fand im achten Kriegsjahr am Anfang des Sommers statt, wobei Thukydides hier nur zwei Jahreszeiten, Sommer und Winter, unterscheidet.

Die Mondfinsternis ereignete sich im Sommer, elf Jahre nach der zweiten Sonnenfinsternis.

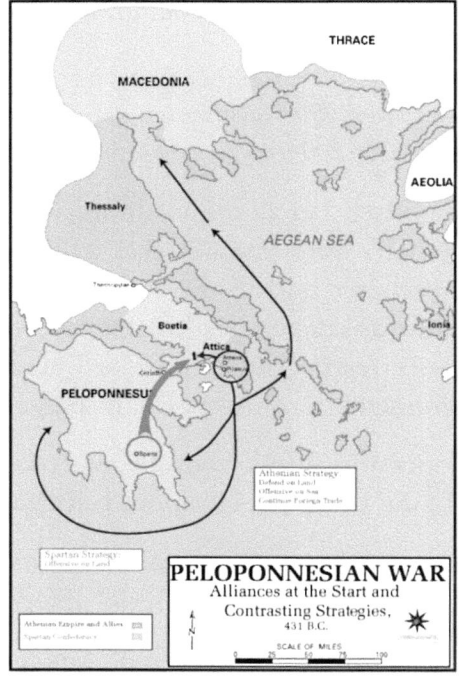

Abb. 54: Die Gegner des Peloponnesischen Krieges: Athen und der Attische Seebund (orange) und Sparta mit dem Peloponnesischen Bund (grün).

Ausführliche Analysen zur offiziellen Datierung sowie zwei Alternativdatierungen finden sich bei Stephenson [Stephenson 1997, S. 346 ff.] und Fomenko [Fomenko 2003, Band 1, S. 97 ff.], bei letzterem auch mit Literaturangaben zu vorherigen Forschungen.

Wie Fomenko und andere Autoren ganz richtig feststellen, kann die Finsternis-Triade der offiziellen Geschichte 431 v. Chr. => 424 v. Chr. => 413 v. Chr. nicht stimmen, wenn man die Aussage zur ersten Sonnenfinsternis wörtlich nimmt, dass "mehrere Sterne erschienen".

144

Lat.: 39.3194° N		Partial Solar Eclipse			
Long.: 22.6318° E		Magnitude: 0.882			
Clear Marker		Obscuration: 84.46%			

Event	Date	Time (UT)	Alt	Azi
Start of partial eclipse (C1) :	-430/08/03	14:50:55.1	31.5°	270.0°
Maximum eclipse :	-430/08/03	15:55:22.7	19.1°	279.8°
End of partial eclipse (C4) :	-430/08/03	16:54:21.3	08.0°	288.4°

Abb. 55: Die Sonnenfinsternis des Thukydides, traditionell 431 v. Chr., Quelle: http://eclipse.gsfc.nasa.gov

Der Bedeckungsgrad der SoFi über Griechenland war nämlich mit unter 90 % viel zu gering für die Sichtbarkeit von Sternen oder Planeten, selbst mit Korrektur des Delta-T-Wertes.

Die einzige Triade, die bei derzeit gültigen Delta-T-Werten stimmig ist, hat Morosow 1928 berechnet [zitiert von Fomenko 2003, Band 1, S. 103 f.]. Diese liegt fast auf den Tag genau 3 x 521 Jahre nach der offiziellen Datierung in den Jahren 1133 => 1140 => 1151.

Morosows Vorschlag kann jedoch aus anderen Gründen nicht überzeugen [siehe Arndt 2020/2, S. 38]. Fomenkos Vorschlag für die Finsternis-Triade ist 1039 => 1046 => 1057 [Fomenko 2003, Band 1, S.103 ff.]. Er hat für die Berechnung eine Software verwendet ("Turbo-Sky software"), die andere Ergebnisse liefert als andere Autoren und die NASA-Website, die derzeit für Finsternis-Berechnungen als Referenz gilt [NASA]. Fomenkos Vorschlag würde nur funktionieren, wenn man eine noch weit größere Delta-T-Anomalie annimmt als die offizielle Geschichte. Daher passt auch Fomenkos Vorschlag nicht.

Vorschlag des Autors: Lässt man die naturwissenschaftlich nicht begründbare Veränderung des Delta-T-Wertes weg, so ereignete sich eine den Quellen perfekt entsprechende Finsternis-Triade in den Jahren 693 => 700 => 711 (siehe Abb. 56-58). Die Sonnenfinsternis am 5. 11. 693 erreichte in Griechenland eine Bedeckung von knapp unter 100 % (Sichelform), so dass die hellsten Planeten und Sterne sichtbar waren. Konkret waren dies zumindest Venus und Sirius, möglicherweise noch mehr.

Eine passende partielle Finsternis gab es sieben Jahre später am 23. 5. 700. Und eine passende Mondfinsternis ereignete sich am 7. 4. 711.

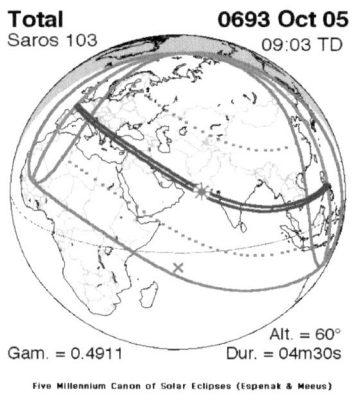

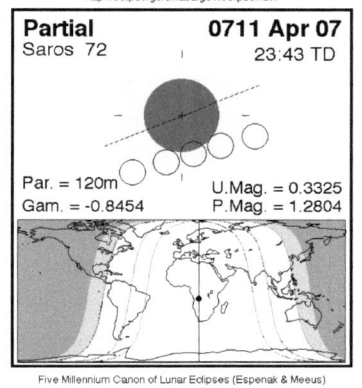

Abb. 56 (oben links): Die Sonnenfinsternis vom 5. 10. 693 (nicht 3 .8. 431 v. Chr.)
Abb. 57 (oben rechts): Die Sonnenfinsternis vom 23. 5. 700 (nicht 21. 3. 424 v. Chr.)
Abb. 58 (unten links): Die Mondfinsternis vom 7. 4. 711 (nicht 27. 8. 413 v. Chr.)

Der zeitliche Abstand der Zuordnungen des Autors von denen der offiziellen Geschichte beträgt 1123 Jahre. Später wird gezeigt werden, dass dieser zeitliche Abstand für viele andere Finsternis-Berichte zutreffend ist, die aus Schriftquellen stammen, die der griechischen Antike zugeordnet werden.

146

Für fast alle Finsternis-Berichte der griechischen Antike kann man eine passende Finsternis finden, wenn ein zeitlicher Abstand von 1119-1123 Jahren vorausgesetzt wird.

Die Problematik von Delta T

Die größte Unsicherheit bei den Berechnungen von Finsternissen liegt in Veränderungen der Erdrotation, vor allem verursacht durch den Einfluss des Mondes. Durch diese Schwankungen der Erdrotation entstehen Abweichungen der Universalzeit von der Terrestrischen Zeit, Delta T genannt, die die Sichtbarkeit von berechneten Finsternissen beeinflussen.

Die Universalzeit (Universal Time) beruht auf astronomischer Beobachtung von der Erde aus und schließt daher Irregularitäten der Erdrotation ein. Sie ist auch die Grundlage für die amtliche Uhrzeit.

Die Terrestrische Zeit (Terrestrial Time) ist vereinfacht gesagt eine ideale Berechnungsgröße unter Ausschaltung von Änderungen der Erdrotation. Die Terrestrische Zeit ist also eine absolut gleichmäßig verlaufende Zeitskala. Die praktische Realisierung erfolgt durch Atomuhren.

Veränderungen der Erdrotation waren in den letzten Jahrhunderten mit präzisen astronomischen Beobachtungen sehr gering.

Die Berechnungen, die den Zuordnungen der offiziellen Geschichte zu Grunde liegen, setzen nun stillschweigend gerade die Delta-T-Werte voraus, mit denen sich eine optimale Übereinstimmung zwischen Finsternis-Berichten, die der Antike und dem Mittelalter zugeschrieben werden, mit Rückrechnungen ergibt.

Die unausgesprochene Prämisse ist, dass die jetzige Chronologie richtig ist. Unter dieser Prämisse ergeben sich aber für die entfernte Vergangenheit, abweichend von den letzten Jahrhunderten, sehr große Delta-T-Werte, außerdem noch mit physikalischen Anomalien (siehe [Stephenson 1997] und [Morrison und Stephenson 2004] als Grundlage für die NASA-Berechnungen.

Maßgebend sind auch Robert R. Newtons Untersuchungen zum System Erde/Mond und zur Elongation des Mondes [Newton 1970 und 1972]).

Selbst mit dieser Methode können zwar viele, aber längst nicht alle Finsternis-Berichte der Antike einer tatsächlichen zurückgerechneten Eklipse zugeordnet werden. Wie der bereits zitierte A. Demandt feststellt, stimmen selbst mit Delta-T-Korrektur mehr als 80 % aller antiken Finsternis-Berichte nicht mit Berechnungen überein [Demandt 1970].

Bei Berücksichtigung von Delta-T-Werten für die Antike, die auch für spätere Zeiten nachgewiesen sind, würde der Pfad der Finsternisse geographisch verschoben sein und die Sichtbarkeit ganz andere Regionen treffen. Eine Veränderung des Delta-T-Wertes um einen gewissen Betrag würde zwar bestimmte jetzt nicht beobachtbare Finsternisse in den Sichtbarkeitsbereich rücken; dabei verschiebt sich aber der Pfad anderer wiederum so, dass sie nicht mehr (ausreichend) sichtbar sind.

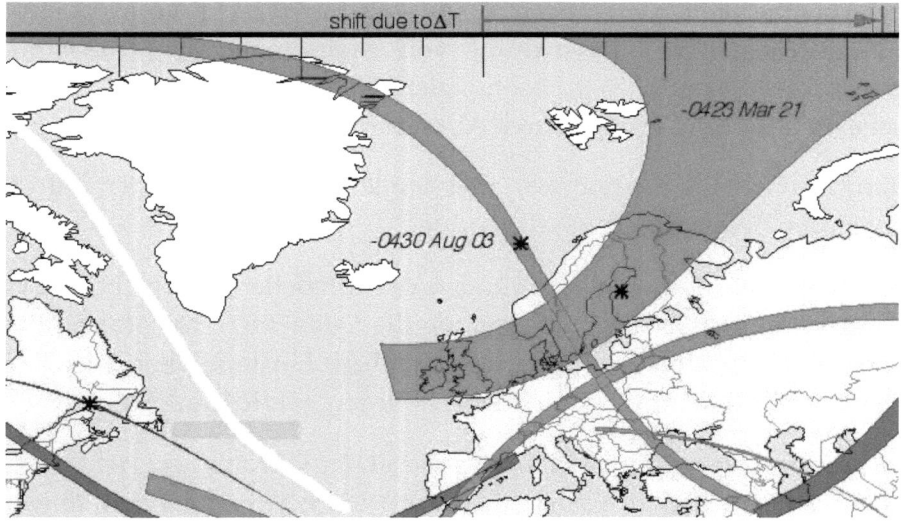

Abb. 59: Der Pfad der Sichtbarkeit der annularen Sonnenfinsternis 431 v. Chr. (und 424 v. Chr.) in Griechenland (nach Thukydides) nach offizieller Geschichte dunkel, ohne Delta-T-Korrektur hell (vom Autor eingefügt). Die SoFi war demnach eigentlich mitten im Nordatlantik sichtbar, aber keinesfalls in Griechenland (zu Details siehe S. 140-142). Die Verschiebung des Pfades wegen der naturwissenschaftlich unbegründeten Delta-T-Veränderung ist auf der NASA-Karte (Original) zum Glück oben vermerkt (shift due to ΔT). Quelle: http://eclipse.gsfc.nasa.gov

Wie kommen die Delta-T-Werte zustande?

Für die in den NASA-Berechnungen (quasi der Standard) verwendeten Delta-T-Werte zeichnen der britische Astronom F. Richard Stephenson (* 1941) und seine Mitarbeiter verantwortlich [Stephenson 1997].

Grafik 64 zeigt, aus welchen Regionen und nach offizieller Geschichte datierten Zeiten, Quellen mit Beobachtungen zu Sonnen- und Mondfinsternissen herangezogen wurden [siehe Stephenson 1997]. Es sind dies in erster Linie

- babylonische Berichte auf Keilschrifttafeln aus der Zeit vor 66 v. Chr.,
- chinesische Berichte aus der Zeit von der Mitte des 5. Jahrhundert bis ca. 700, 948 (einer) und wieder ab der Mitte des 11. Jahrhunderts,
- arabische Berichte ab dem 9. Jahrhundert.

Dazu kommen noch einige griechische Berichte, die aus dem "Almagest" des Ptolemäus stammen, sowie die einzige (!) Sonnenfinsternis der gesamten griechisch-römischen Antike, für die die genaue Beobachtungszeit aufgeschrieben wurde.

Diese stammt aus einem Kommentar zu Ptolemäus' "Almagest" von Theon aus Alexandria und beschreibt die Sonnenfinsternis am 16. Juni 364 nach offizieller Geschichte.

Bezeichnenderweise bleibt die ansonsten so detailreiche Historiographie der griechisch-römischen Antike außen vor. Wie bereits erwähnt wurde, ist uns aus dem antiken Europa keine einzige Sonnenfinsternis mit Zeitangaben und weiteren Details überliefert.

Da hat man also in Mesopotamien, insbesondere Babylon, als so ziemlicher einziger Gegend in der Welt dieser Zeit, die Fähigkeit kultiviert, genaue Beobachtungen von Himmelsereignissen aufzuschreiben, insbesondere Sonnen- und Mondfinsternisse. Später wurde das dann auch in Ägypten üblich, überliefert vor allem in Schriften des griechischen Ägypters Claudius Ptolemäus (ca. 100-170 n. Chr.). Irgendwann nach 66 v. Chr. verlor man dann in Babylon diese Fähigkeit total, in Ägypten etwas später.

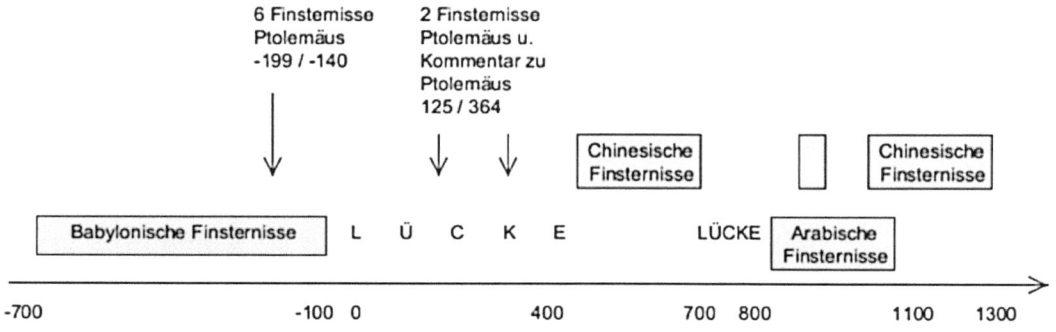

Grafik 35: Die Herkunft der Finsternisberichte für die Delta-T-Werte der NASA
nach [Stephenson 1997, vor allem S. 504]

Fast 1000 Jahre danach kamen dann andere Leute in der Gegend von Babylon, im ca. 90 km entfernten Bagdad, auf die Idee, dasselbe zu machen wie ihre längst mitsamt der Keilschrifttafeln im Wüstensand verschwundenen Vorfahren, und die arabischen Finsternis-Berichte begannen. Die wichtigsten Beobachtungsorte waren neben Bagdad auch Alexandria und Kairo (im Mittelalter "Babylon" genannt) in Ägypten, wo man das ja einige Jahrhunderte zuvor auch schon mal konnte, aber dann wieder vergessen hatte.

Hier soll also eine über viele Jahrhunderte andauernde Lücke in der Ausprägung damals ziemlich einzigartiger Fähigkeiten existieren, die genau an den Orten wieder neu aufblühen, wo sie Jahrhunderte zuvor spurlos verloren gegangen waren. Das ist eine ziemlich absurde Vorstellung.

Genauso seltsam ist auch der Fakt, dass bis zum 19. Jahrhundert, als man diese Keilschrifttafeln der alten Babylonier im Wüstensand fand (und genau seit dieser Zeit konnte man auch erst präzise astronomische Rückrechnungen bis in die Zeit des antiken Babylons machen, aber noch nicht ganz so präzise wie heute!), kein Mensch etwas von diesen Tafeln wusste. Zu dieser Zeit waren nur persische Keilschrifttafeln bekannt, und zwar schon sehr lange.

Ohne diese babylonischen Finsternis-Berichte hängt die griechisch-römische Antike nach heutigen Maßstäben der Wissenschaft (aber noch nicht nach denen zur Zeit Scaligers) chronologisch vollkommen in der Luft und ist astronomisch nicht eindeutig datierbar!

Die Zeit zwischen 66 v. Chr. (letzte berücksichtigte babylonische Finsternis) bis 434 (erste chinesische Finsternis) stellt also eine ziemlich gewaltige Lücke von 500 Jahren dar. Diese Zeit enthält nur zwei Finsternisse, die dazu auch noch mit dem dubiosen Ptolemäus verknüpft sind, in den Jahren 125 (Mondfinsternis) sowie und 364 (die bereits erwähnte Sonnenfinsternis).

Eine weitere längere Lücke gibt es zwischen 702 und 829, zwischen chinesischen und arabischen Finsternissen. Davon stammen bei den chinesischen die letzten drei um 700 auch noch aus der Tang-Dynastie (618-907), für deren Zeit nachgewiesen ist, dass ein Großteil der überlieferten Berichte zu Finsternissen nur Berechnungen darstellen können, aber keine tatsächlichen Beobachtungen [Stephenson 1997, S. 246]. Ansonsten wäre in China schon 596 Schluss und die zweite Lücke mit dann 233 Jahren noch deutlich größer.

Die Veränderung von Delta T

Die einzige Quelle für die Delta-T-Werte vor der Zeit mit genauen Beobachtungen durch Teleskope um 1600 n. Chr. sind historische Aufzeichnungen von Beobachtungen von Sonnen- und Mondfinsternissen in europäischen, nahöstlichen und chinesischen Manuskripten.

In der Zeit von ca. 1600 bis heute sind die Delta-T-Werte relativ gering und schwanken im Laufe der Zeit auch nur wenig. Davor war es angeblich ganz anders - laut der Auswertung der historischen Aufzeichnungen unter der Prämisse der Gültigkeit der offiziellen Chronologie. Die Methodik der Ermittlung der Delta-T-Werte ist jedoch höchst dubios [mehr Details in Arndt 2020/2, S. 57/58]. Z. B. ergeben sich für Sonnenfinsternis-Berichte der Zeit um 1100 Delta-T-Werte zwischen -1000 und 2900 Sekunden (Grafik 65). Alles ist möglich!

151

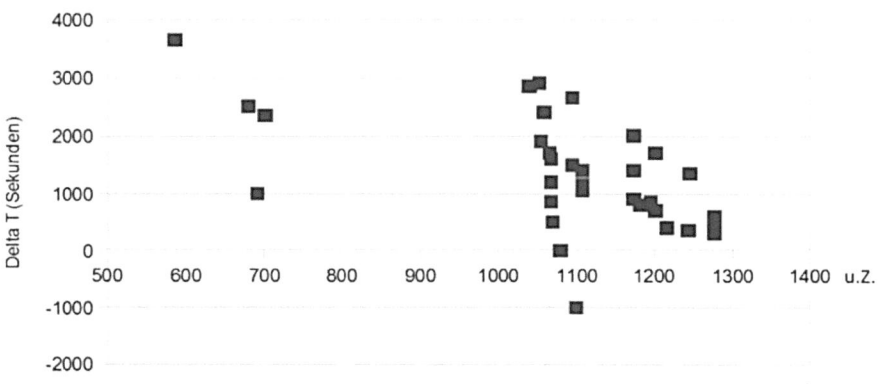

Delta-T-Werte, abgeleitet von chinesischen Sonnenfinsternissen

Grafik 36: Delta-T-Werte, abgeleitet von chinesischen Sonnenfinsternissen,
nach [Stephenson 1997, S. 296/297].

Auch zu anderen Zeiten sieht das nicht viel besser aus, wenn es viele Beobachtungswerte gibt. Jeder möge selbst entscheiden, wie signifikant einzelne hohe oder geringe Werte (oder überhaupt irgendein Wert) bei nur wenigen Finsternis-Berichten oder nur einem einzigen für mehrere Jahrhunderte sind, wie dies bei Stephensons Delta-T-Werten mit jahrhundertelangen Lücken häufig vorkommt.

Die Antwort ist aber eigentlich klar. Die Ergebnisse sind nicht signifikant, womit die Aussagekraft der ermittelten Delta-T-Werte über viele Jahrhunderte hinweg gleich Null ist.

Diese Kurve (bzw. die sie beschreibenden Gleichungen) fließt in die Finsternis-Berechnungen der NASA ein, also für beliebige Finsternisse des betreffenden Zeitraums. Auf Übersichtskarten (siehe z.B. Abbildung 37) wird die Delta-T-Korrektur jedoch vermerkt.

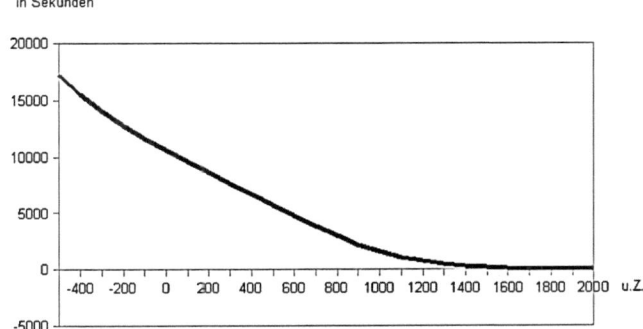

Grafik 37: Der Verlauf von Delta T von 500 v. Chr. bis zur Gegenwart. Delta-T-Werte, abgeleitet aus historischen Aufzeichnungen. Man kann die vollständig anderen Delta-T-Werte in der Zeit vor 1600 im Vergleich zur Zeit danach sofort erkennen.
Quelle: http://eclipse.gsfc.nasa.gov

Diese Kurve ergibt sich also ausschließlich aufgrund der überlieferten (ohne Beweis für echt gehaltenen) Finsternis-Berichte, deren chronologischer Einordnung nach offizieller Geschichte und deren wissenschaftlich fragwürdiger Interpretation. Sie passt zwar für einen Teil, aber längst nicht für alle überlieferten Finsternis-Berichte.

Ich möchte nun die Aufmerksamkeit auf die Analyse der *Veränderung* von Delta-T richten.

Da gibt es zwei bemerkenswerte Punkte:

1) Die Veränderung von Delta T je Jahrhundert hat im Zeitraum von 0-700 n. Chr. praktisch den gleichen Wert, abweichend von den Jahrhunderten zuvor und danach (siehe Grafik 38).

und vor allem:

2) Für die etwa gleiche Zeit von ca. 700 Jahren nimmt die Veränderung der Veränderung von Delta T je Jahrhundert ("Beschleunigung") im Zeitraum vom Beginn des 5. Jahrhunderts bis etwa 1100 n. Chr. ab und nicht zu, anders als vorher und nachher (siehe Grafik 39).

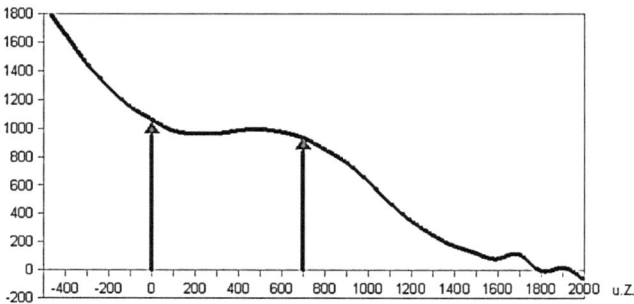

Veränderung von Delta T
in Sekunden/Jahrhundert

Grafik 38: Die Veränderung von Delta in Sekunden/Jahrhundert. Man erkennt Wendepunkte zu Beginn unserer Zeitrechnung und etwa um 700.

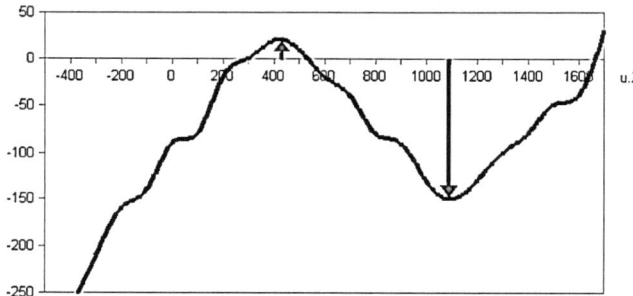

Delta T ''
in Sekunden/Jahrhundert ²

Grafik 39: Die Veränderung ("Beschleunigung") von Delta in Sekunden/ Jahrhundert². Man erkennt Wendepunkte im 5. Jahrhundert und um 1100.

Daraus kann man schließen, dass die Berichte über Finsternisse für die Zeiten

- vor dem Beginn der christlichen Zeitrechnung und danach,
- der Zeit vor und nach etwa 700, und
- des 5. - 11. Jahrhunderts n. Chr., und davor und danach

unterschiedlich entstanden sind. Das dies auch tatsächlich im geographischen Sinne weitgehend so ist, habe ich oben mit der Analyse der Herkunft der Finsternis-Berichte gezeigt. Dies reicht jedoch nicht aus, um diese Anomalien zu erklären.

Die Wendepunkte entsprechen natürlich auch in etwa den Wendepunkten in Robert R. Newtons Kurve von D´´ der Elongation des Mondes, da die Quellen dafür weitgehend identisch sind: die Finsternis-Berichte [Newton 1970 und 1972]. Newton kommt nicht umhin, auf das Wirken bislang unbekannter Kräfte zu schließen.

Unzicker ist wohl nicht der einzige Physiker, der hier *"eine Anomalie der Gravitationskonstanten oder gar im Zeitablauf"* vermutet [Unzicker 2010, S. 82].

Mit letzterem hat er sicherlich recht. Allerdings geht es nicht um die physikalische Zeit, sondern um die vom Menschen konstruierte Chronologie.

Es gibt drei Möglichkeiten:

1. Es gibt bislang noch unbekannte physikalische Kräfte, die zu den Anomalien geführt haben,

2. Die heutigen physikalischen Gesetze galten in der entfernten Vergangenheit nicht,

3. Die offizielle Chronologie ist falsch und 1. und 2. treffen nicht zu.

Mein diesbezüglicher Vorschlag zur chronologischen Einordnung der überlieferten Finsternis-Berichte, der diesem Kapitel folgt, geht von Möglichkeit 3 aus. Alle anderen bisher geäußerten Vorschläge, z.B. der offiziellen Geschichte oder auch einiger alternativer Autoren, gehen von Möglichkeit 1 oder 2 aus.

Die Neudatierung der Finsternisse

Die Neudatierung der Finsternisse verzichtet auf die willkürliche Annahme naturwissenschaftlich unbegründeter Veränderungen des Delta-T-Wertes im Laufe der Vergangenheit. Der Autor geht davon aus, dass die Delta-T-Werte der entfernten Vergangenheit in Antike und Mittelalter nur in etwa dem gleichen geringen Maße schwanken wie in den letzten Jahrhunderten präziser astronomischer Beobachtungen. Es ist nämlich kein Grund ersichtlich, etwas anderes anzunehmen.

Damit verschwinden die Anomalien, die nur durch die falsche Zuordnung der Finsternis-Berichte entstehen, die eine Folge der falschen Chronologie ist. Es gibt dabei konstante Differenzen der Finsternisse zur offiziellen Lösung wie folgt:

a) antike griechische Finsternisse: 1120-1123 Jahre

b) antike römische Finsternisse bis zum Ende des 4. Jahrhundert: 781 Jahre

c) Finsternisse vom 5. - 6. Jahrhundert: 521 Jahre

Dazu ergänzend:

d) Finsternisse des Ptolemäus: 1142 Jahre (siehe antike griechische Finsternisse)

e) babylonische Finsternisse (Keilschrifttafeln): 1135 Jahre, Ausnahmen bis 1121 Jahre (siehe antike griechische Finsternisse)

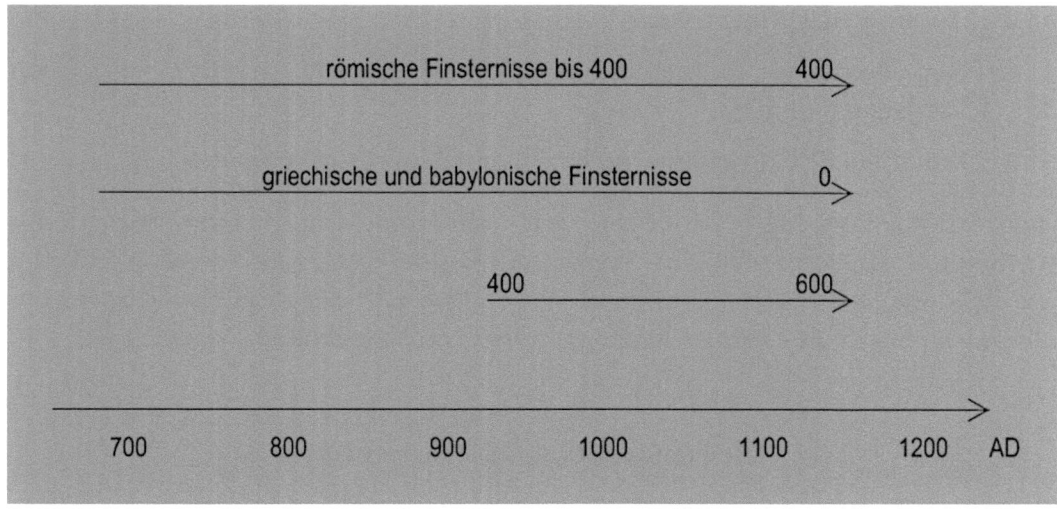

Grafik 40: Die schematische Einordnung der Finsternisse in der Chronologie. Ganz unten zeigt der Zeitstrahl unsere Zeitrechnung. Die oberen Pfeile sind mit den Jahreszahlen beschriftet, die den entsprechenden Finsternissen derzeit nach offizieller Geschichte zugeordnet werden.

Bei dieser Einordnung der Finsternisse gibt es erstaunliche Übereinstimmungen:

1.) Die zuverlässigen arabischen Finsternis-Berichte datieren vom 9.-11. Jahrhundert n. Chr., und setzen somit kurz vor den Finsternis-Berichten Chinas und Europas ein, die nach offizieller Geschichte der Zeit ab dem 5. Jahrhundert zugeordnet sind (in Grafik 10 der Pfeil "400-600").

2.) Die babylonischen Finsternis-Berichte, die auf Keilschrifttafeln überliefert sind, haben in der Masse ebenfalls ihren Schwerpunkt in derselben Zeit, laut offizieller Geschichte in den ersten vorchristlichen Jahrhunderten.

3.) Auch die römischen Finsternis-Berichte, die heute falsch vor dem Ende des 4. Jahrhundert datiert werden, fallen in dieselbe Zeit.

4.) Genau ab dem 12. Jahrhundert ist auch eine große Anzahl zuverlässiger mittelalterlicher Finsternis-Berichte aus Europa überliefert, im Unterschied zu vorher [Stephenson 1997].

Kommen wir nun zur konkreten Neudatierung der einzelnen Finsternisse.

Die griechischen Finsternisse vor der römischen Kaiserzeit lehnen sich an die Differenzen der auf Keilschrifttafeln überlieferten babylonischen Finsternisse an (1135 Jahre, siehe [Arndt 2012 S. 128ff.]). Die griechische Geschichte ist ja mit der orientalischen untrennbar verknüpft. Zu den babylonischen Finsternissen später mehr.

Die meisten Alternativdatierungen des Autors haben eine zeitliche Differenz zur Datierung der offiziellen Geschichte von 1121-1123 Jahren. Einzelne Finsternisse liegen 1119 und 1136 Jahre (siehe babylonische Finsternisse) später.

Bereits auf den Seiten 143 ff. wurden die drei Finsternis-Berichte des Thukydides während des Peloponnesischen Krieges ausführlich besprochen. Für diese konnte der Autor Alternativlösungen zu den Datierungen der offiziellen Geschichte im zeitlichen Abstand von 1123 Jahren finden - in den Jahren 693 => 700 => 711 n. Chr.

Römische Finsternisse weisen bis zum Ende des 4. Jahrhunderts eine konstante Differenz von ca. 781 Jahren auf (davon 781 Jahre: 12, 780 Jahre: 2, 779 Jahre: 1, 783 Jahre: 1).

Für die auf den Tag genau überlieferten Sonnenfinsternisse gibt es eine zusätzliche Differenz von 5-7 Tagen, die erklärungsbedürftig ist. 6 Tage ist die Differenz des Frühjahrsäquinoktiums in 781 Jahren. 7 Tage könnte man überspringen, ohne dass sich der Wochentag ändert, womit für die Gregorianische Kalenderreform (1582) anstatt 10 nur noch 3 Tage übrigblieben (entsprechend der Verschiebung des Frühjahrsäquinoktiums vom 12.bis ins 16. Jahrhundert).

Ab dem Beginn des 5. Jahrhunderts ist eine große Anzahl von auf den Tag genauen Finsternissen überliefert (und zwar gleichzeitig in China und in Europa!), was zuvor sehr selten vorkam – ein erstaunlicher, bisher völlig ungeklärter Qualitätssprung in den Quellen. Eine Ausnahme bildeten die Finsternisse des Ptolemäus, bei dem man allerdings nur Mondfinsternisse findet, und erstaunlicherweise keine einzige Sonnenfinsternis.

Bericht	Ereignis	Datierung	Rückrechnung	Neudatierung	Differenz in Jahren
Plinius u. a. (Thales SoFi)	SoFi	-583	28. 5. -584	20. 6. 540	1123
Thukydides	SoFi	-430	3. 8. -430	5. 10. 693	1123
Thukydides	SoFi	-423	21. 3. -421	23. 5. 700	1123
Thukydides	MoFi	-412	27. 8. -412	7. 4. 711	1123
Xenophon	MoFi	-405/04?	15. 4. -405	13. 1. 716	1121
Xenophon	SoFi	-404/03?	3. 9. -403	3. 6. 718	1121
Xenophon	SoFi	-394/93	14. 8. -393	8. 1. 726	1119
Diodor	SoFi	-363	13. 7. -363	15. 8. 760	1123
Arrian, Plutarch u. a. (Alexanderschlacht) – es gibt auch eine babylonische Keilschrifttafel)	MoFi	20./21. 9. -330	20./21. 9. -330	21. 9. 796 oder 1. 9. 806	1126 1136
Diodor	SoFi	-309/08	15. 8. -309	14. 5. 812	1121
D. Laertios	MoFi	-128	5. 11. -128	30. 1. 994	1122

Tab. 14: Griechische Finsternisse der Antike nach [Starke 2013, S. 251 ff.] mit alternativen Datierungen, Teilweise sind zwei Möglichkeiten vorhanden. Rückrechnungen nach http://eclipse.gsfc.nasa.gov
Die drei Finsternisse des Thukydides wurden schon oben auf den Seiten 143 ff. besprochen.

Bericht	Ereignis	Datierung	Rückrechnung	Neudatierung	Differenz in Jahren
Cicero	MoFi	-62	3. 5. -62	2. 11. 719	781
C. Dio	SoFi	5	28. 3. 5	3. 4. 786	781
Phlegon	SoFi	32/33	14. 11. 29	30. 11. 810	781
C. Dio	SoFi	1. 8. 45	1. 8. 45	7. 8. 826	781 + 6 Tage
A. Victor	MoFi	47	1. 1. 47	6. 1. 828	781
Plinius	SoFi	30. 4. 59	30 .4. 59	5. 5. 840	781 + 5 Tage
Plinius	SoFi + MoFi	71; 15 Tage Abstand	4. 3. 71 20. 3. 71	9. 3. 852 24. 3. 852	781
Fast. Vind.	SoFi	118	3. 9. 118	23. 1. 901	783
C. Dio	SoFi	218-222	7. 10. 218	7. 4. 1000	781
Hist. Aug.	SoFi	240	5. 8. 240	11. 8. 1021	781
Cons. Const.	SoFi	291?	4. 5. 292	24. 11. 1071	780
A. Victor	SoFi	317	6. 7. 316	25. 12. 1098	781
Cons. Const.	SoFi	319	6. 5. 319	25. 12. 1098	779
Pappus	SoFi	18. 10. 320	18. 10. 320	26. 10. 1147	827 + 8 Tage
F. Maternus	SoFi	334	17. 7. 334	23. 7. 1115	781
A. Marcellinus	SoFi	360	28. 8. 360	20. 3. 1140	780
Theon	SoFi	16.6.364	16. 6. 364	23. 6. 1191	827 + 7 Tage
Fasti Vind.	SoFi	26./27.10.393	20. 11. 393	26. 11. 1174	781
Zosimus	SoFi	5./6.9.394	20. 11. 393	13. 9. 1178	784 + 7 Tage

Tab. 15: Römische Finsternisse der Antike nach [Starke 2013, S. 251 ff.] bis zum Ende des 4. Jahrhunderts mit Neudatierungen. Bei der Kombination SoFi + MoFi von Plinius ergibt sich bei der alternativen Datierung des Autors tatsächlich ein Abstand von 15 Tagen entsprechend der Quelle, was bei der Datierung der offiziellen Geschichte nicht der Fall ist. Zusätzlich ist noch die Sonnenfinsternis des Zosimus (Schlacht am Frigidus) aufgeführt. Rückrechnungen nach http://eclipse.gsfc.nasa.gov

Bericht	Ereignis	Datierung	Rück-rechnung	Neudatierung	Differenz in Jahren
Hydatius u.a.	SoFi	11. 11. 402	11. 11. 402	11. 11. 923	521
Hydatius u.a.	SoFi	19. 7. 418	19. 7. 418	19. 7. 939	521
Hydatius u.a.	SoFi	23. 12. 447	23. 12 . 447	22. 12. 968	521
Hydatius u.a.	MoFi	26. 9. 451	26. 9. 451	25. 9. 972	521
Hydatius u.a.	SoFi	28. 5. 458	28. 5. 458	28. 5. 979	521
Hydatius u.a.	MoFi (nicht SoFi)	2. 3. 462	2. 3. 462	2. 3. 983	521
Hydatius u.a.	SoFi	20. 7. 464	20. 7. 464	20. 7. 985	521
M. Neapolit.	SoFi	13. - 23. 1. 484	14. 1. 484	24. 1. 1004	520
Marcellinus	SoFi	497	18. 4. 497	18. 4. 1018	521
Marcellinus	SoFi	512	29. 6. 512	29. 6. 1033	521
Beda u.a.	SoFi	14. 2. 538	15. 2. 538	15. 2. 1059	521
Beda u.a.	SoFi	20. 6. 540	20. 6. 540	20. 6. 1061	521
Gregor u.a.	SoFi	1. 10. 563	3. 10. 563	2. 10. 1084 (Bedeckungs-grad stimmt)	521
Gregor u.a.	SoFi, oder etwa Mofi?	Mitte Oktober 590	4. 10. 590	MoFi 18. 10. 1111 (Mitte Okt. stimmt)	521

Tab. 16: Finsternisse des 5. - 6. Jahrhunderts [nach Starke, S. 251 ff.] mit Neudatierungen.

Die Finsternis am 2 . 3. 462 war nicht, wie Starke schreibt, eine SoFi, sondern eine MoFi. Text der Quelle "ab occasu solis luna in sanguinem plena conuertitur ". Diese fand am 2. 3. 983 statt.

Bei der Alternativdatierung des Autors der SoFi 2. 10. 1084 stimmt der Bedeckungsgrad von ca. 80 % in Tours mit der Angabe in der Quelle überein, "dass nur etwa ein Viertel ihrer Fläche sichtbar war". Bei der Datierung der offiziellen Geschichte 3. 10. 563 ist das nicht der Fall (deutlich unter 50 %).

Die Finsternis Mitte Oktober 590/ 18. 10. 1111 war nach Auffassung des Autors offensichtlich eine MoFi, und keine SoFi. Somit stimmt auch die Quellenangabe "Mitte Oktober", was nach offizieller Geschichte (4. 10.) nicht der Fall ist. Diese MoFi wird auch von Fredegar berichtet.

Babylonische Finsternisse

Die alten Babylonier hatten zwar Amerika noch nicht entdeckt, berechneten aber u. a. partielle Mondfinsternisse mit einem Bedeckungsgrad von unter 50 %, die nur in Amerika sichtbar waren (sowie an den Ufern des Pazifik), im Zweistromland aber nicht, z. B. die vom 9. April 731 v. Chr. Das behauptet allen Ernstes die offizielle Geschichte.

Abb. 60: Der Turmbau zu Babel, Gemälde von Pieter Bruegel (1563)

Aber das Berechnen von partiellen Mondfinsternissen für Beobachter in Amerika war ihnen nicht genug.

Nein, sie meißelten ihre Berechnungen auch noch in Keilschrifttafeln, die Jahrtausende im Wüstensand vergraben waren!

Erstaunlicherweise war man in Babylon schon 1000 Jahre vor anderen Gegenden in der Welt wesentlich genauer mit den Aufzeichnungen von Himmelsbeobachtungen, die zudem auch noch weitgehend mit heutigen Rückrechnungen übereinstimmen.

Die Keilschrifttafeln, auf denen u.a. auch Himmelsbeobachtungen dokumentiert waren, wurden seit der zweiten Hälfte des 19. Jahrhunderts gefunden. Die Übersetzung der sprachlich teils recht einfach gestrickten Keilschrifttafeln erfolgte seinerzeit in Zusammenarbeit von Historikern, Sprachwissenschaftlern und Astronomen. Dabei wurde z. B. auch erst definiert, welches Wort denn nun für welchen Himmelskörper oder welches Sternbild zu verwenden ist.

Da man hierbei natürlich überhaupt nicht an der Gültigkeit der offiziellen Chronologie zweifelte, war auch klar, welche Planeten oder Sternbilder erwartet werden konnten, und welche nicht. Genügend Lücken und fehlende Bruchstücke gibt es zudem.

Eine Rückrechnung der Sonnenfinsternisse war zum Zeitpunkt der Auffindung und Übersetzung Mitte/Ende des 19. Jahrhundert problemlos möglich. 1887 erschien bekanntlich Oppolzers berühmter "Canon der Finsternisse". Daher ist nicht auszuschließen, dass der erstellte Wortschatz für die Astronomie bereits durch Erwartungen vorgeprägt war, und man somit nur das reproduzierte, was man erwartete am Himmel zu sehen.

Übrigens hat man nach der großen Einkaufstour der europäischen Museen in Mesopotamien Ende des 19. Jahrhunderts (wobei oft der archäologische Kontext unklar ist) keine einzige Tontafel mit astronomischem Inhalt mehr gefunden.

Aber: Im Gegensatz zu den Tontafeln sind die Münzen jener Zeit seit Alexander dem Großen (336 - 323 v. Chr.) griechisch beschriftet, bis zum Ende der Arsakiden-Dynastie (Partherreich) 224 n. Chr. Was sollen daher komplett babylonische Keilschrifttafeln ohne griechische oder aramäische Texte in dieser Zeit?

Ohne diese Keilschrifttafeln wäre eine nach heutigen Maßstäben astronomisch halbwegs wissenschaftlich nachvollziehbare astronomische Einordnung der frühmittelalterlichen und antiken Finsternisse aus Europa überhaupt nicht möglich.

Die Glaubwürdigkeit der Chronologie der römisch-griechischen Antike, die seinerzeit Scaliger mit Hilfe der damaligen Astronomie so eingeordnet hatte, hängt entscheidend von diesen babylonischen Keilschrifttafeln ab, da es keine einzige europäische Finsternis dieser Zeit gibt, die man zuverlässig astronomisch datieren kann. Die babylonischen Finsternisse sind quasi der Rettungsanker vor dieser Zeit, ohne den die römisch-griechische Antike astronomisch-chronologisch vollkommen freischwebend wäre - nach heutigen Maßstäben, aber noch nicht nach Maßstäben Scaligers im 16. Jahrhundert.

Der Autor hat für alle babylonischen Sonnenfinsternis-Berichte die tatsächlichen Sonnenfinsternisse gefunden, die 1135 Jahre später liegen (700 + 435) (i. d. R.: 1135 oder 1132/33, Ausnahmen bis -14 Jahre). 435 Jahre ist der Abstand zwischen der Seleukiden-Ära (-311) und der von Claudius Ptolemäus eingeführten, von den Babyloniern aber nie benutzten Nabonasser-Ära (-746), die hier möglicherweise verwechselt wurden, so dass es zu dieser Differenz kommen konnte.

Da einige Berichte über Sonnenfinsternisse mit Planetenbeobachtungen verknüpft sind, wurde eine andere Zuordnung der Planetennamen vorgenommen [Arndt 2020/2, S. 194 ff.].

Der Pfad der vieldiskutierten babylonische Sonnenfinsternis von 136 v. Chr. [Hunger und Sachs, Schmidt 1996] auf der Erdoberfläche verläuft eigentlich überhaupt nicht über Babylon, sondern über Mittel- und Südwesteuropa. Auf Mallorca war sie z. B. gut zu beobachten.

Abb. 61: Der Pfad der Sichtbarkeit der Sonnenfinsternis am 15. 4. 136 v. Chr. (-135) mit Delta-T-Korrektur dunkel (siehe (shift due to ΔT oben), und ohne Delta-T-Korrektur hell (vom Autor eingefügt). Die SoFi war demnach eigentlich in Mittel- und Südwesteuropa sichtbar, aber keinesfalls in Babylon.
Quelle: http://eclipse.gsfc.nasa.gov

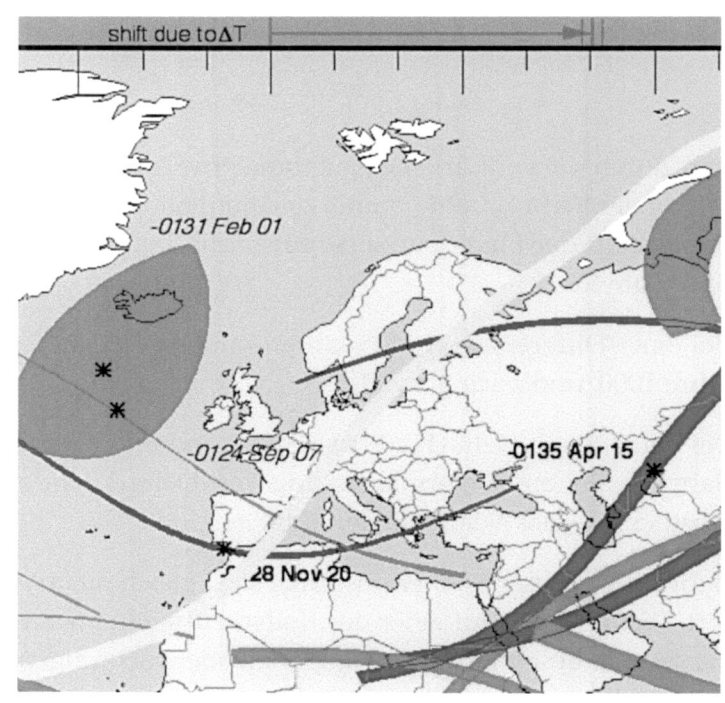

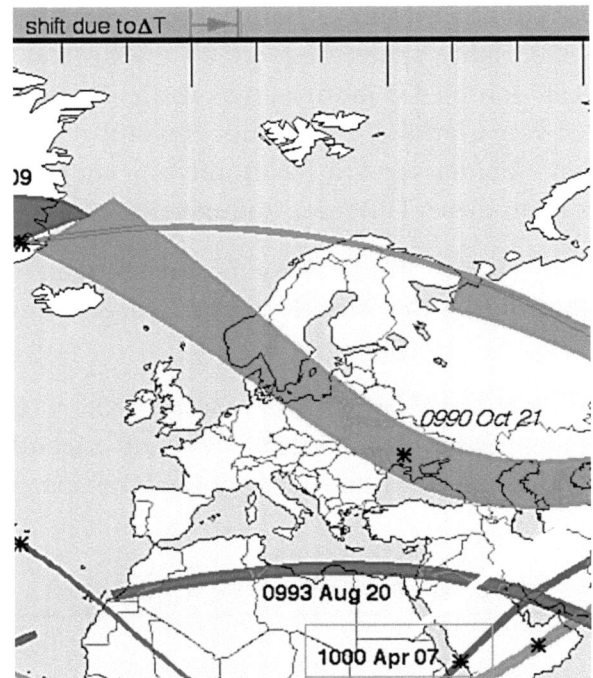

Abb. 62: Der Pfad der Sichtbarkeit der Sonnenfinsternis am 7. 4. 1000 mit Delta-T-Korrektur dunkel (siehe (shift due to ΔT oben), und ohne Delta-T-Korrektur hell (vom Autor eingefügt). Die SoFi war also in Babylon eine totale Sonnenfinsternis. Quelle: http://eclipse.gsfc.nasa.gov

Nur durch die willkürliche Annahme physikalischer Anomalien in der entfernten Vergangenheit und eine damit zusammenhängende Korrektur des Delta-T-Wertes verläuft der Pfad der Sonnenfinsternis Tausende Kilometer weiter östlich und über Babylon.

Bei einer Differenz von 1135 Jahren minus 8 Tagen liegt die Sonnenfinsternis im Jahre 1000, und zwar am 7. 4.

Bei derzeitigem Delta-T-Wert hat diese Sonnenfinsternis über 80 % Bedeckung in Babylon. Bei einer Normalisierung von Delta-T landet sie ein paar Grad weiter westlich, so dass sie in Babylon total ist.

Berichte zu dieser Sonnenfinsternis sind gleich auf zwei Keilschrifttafeln überliefert. Weiterhin ist auf einer der Keilschrifttafeln auch eine Mondfinsternis im selben Monat beschrieben, sowie Planetenbeobachtungen vier Tage vor der Sonnenfinsternis und unmittelbar danach.

Nach bisherigen Übersetzung des ersten Berichtes waren während der Sonnenfinsternis die Planeten Venus, Merkur, Jupiter und Mars sichtbar.

Wenn man die alternative Zuordnung der Planetennamen berücksichtigt, so waren tatsächlich sichtbar: Venus (= Venus), Saturn (= Merkur), Merkur (= Jupiter) und Mars (= Mars).

Grafik 40: Die Sichtbarkeit der Planeten Merkur, Venus, Saturn und Mars sowie heller Sterne während der totalen Sonnenfinsternis am 7. 4. 1000. Jupiter war gerade untergegangen. Kurz danach ging der Mars auf.

Unmittelbar nach der Sonnenfinsternis, in der folgenden Nacht, folgt eine Planetenbeobachtung, die Venus betreffend. Die Venus stand direkt neben Beta Tauri (Sternbild Stier), wie auf der Tontafel beschrieben. Kurz darauf hatte sie den Punkt ihres Stillstands erreicht.

Vier Tage zuvor stand ein Planet direkt neben Alpha Tauri (Sternbild Stier), aber nicht der Merkur, wie bisher übersetzt, sondern der Saturn.

Etwas mehr als zwei Wochen vor der Sonnenfinsternis, am 22. 3., gab es eine Mondfinsternis. Die Position des Mondes ist praktisch identisch zu der von 136 v. Chr. im Sternbild Jungfrau. Zum Zeitpunkt der Mondfinsternis befand sich also der Mond unter dem Stern Gamma Virginis (Sternbild Jungfrau). Dies stimmt gut mit heutigen Rückrechnungen überein.

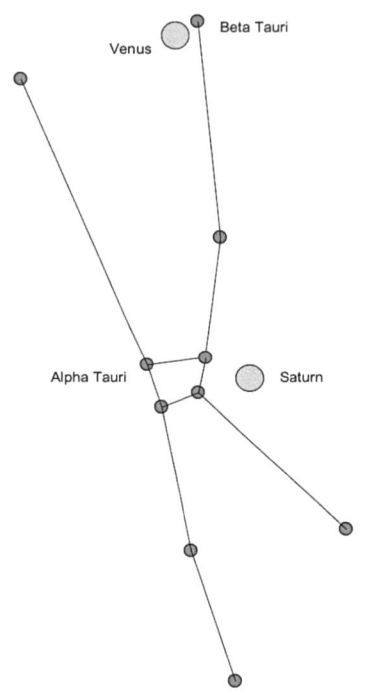

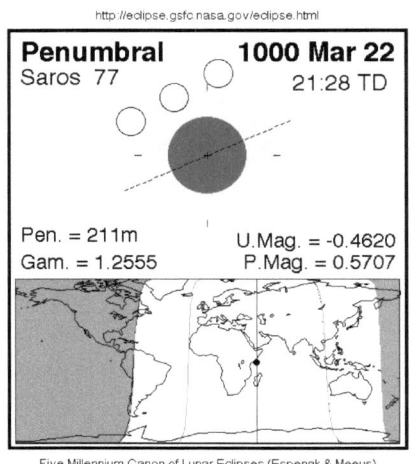

Abb. 63 (oben rechts): Die Mondfinsternis vom 22. 3. 1000, in engem zeitlichem Zusammenhang zur Sonnenfinsternis vom 7. 4. 1000.

Grafik 41 (oben links): Das Sternbild Stier mit der Venus direkt neben Beta Tauri am 7. 4. 1000 und dem Saturn neben Alpha Tauri vier Tage zuvor. Die Venus steht ungefähr an derselben Stelle wie am 15. 4. -135, und der Saturn steht ungefähr dort, wo 1135 Jahre zuvor der Merkur stand.

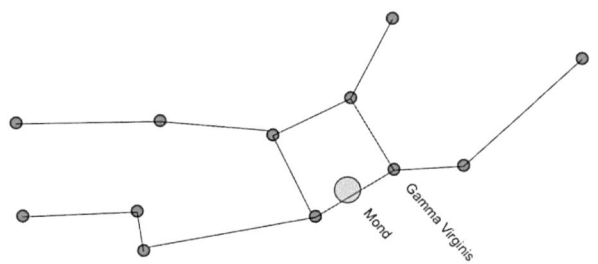

Grafik 42: Das Sternbild Jungfrau mit dem Mond unter Gamma Virginis zum Zeitpunkt der Mondfinsternis am 22. 3. 1000.

166

Jesus Christus auf dem Kaiserthron

Einleitung

Mit Hilfe der Astronomie ist der Autor inzwischen in der Lage, ein Modell zu präsentieren, dass eine andere Chronologie ermöglicht, wobei die Übereinstimmung mit den Überlieferungen praktisch genauso gut ist wie bei der offiziellen Chronologie, teilweise sogar besser (siehe Kapitel *"Die Neudatierung der astronomischen Berichte"*, konkret Seiten 155-160).

Mein Modell stimmt besser mit der Wissenschaftsgeschichte überein, da es die antiken Griechen und Römer ins Mittelalter versetzt, zusammen mit den Arabern (z. B. Alexander der Große wird König: 801 n. Chr., Tod: 814 n. Chr., Seleukidenära: 825 n. Chr.).

Es lässt sich damit eine Chronologie erstellen, in der die Kontinuität der Entwicklung sichtbar wird, und die seltsamen Brüche und Lücken der offiziellen Geschichte verschwinden bzw. eine einfache Erklärung finden.

Der Holprigkeit der offiziellen Geschichte und dem Katastrophismus setze ich den Kontinuitätsgedanken entgegen.

Kommen wir nun zur heutigen christlichen Jahreszählung, da diese heutzutage weltweit verbreitet und jedem vertraut ist. Den Ausgangspunkt bildet der im Mittelalter festgelegte Zeitpunkt der angenommenen Geburt des Religionsstifters des Christentums, Jesus Christus.

Doch was geschah wirklich vor ca. 2020 Jahren? Kann man das heute noch rekonstruieren?

Jesus aus dem Alten Testament am Anfang unserer Zeitrechnung

Das Osterfest ist das wichtigste Fest im Christentum. Es wird die Auferstehung Jesu Christi nach seinem Kreuzigungstod gefeiert. Das Osterfest hängt letzten Endes mit dem Auszug des Volkes Israel aus Ägypten (Exodus) und seiner Errettung aus der Sklaverei zusammen.

Am Abend vor dem Exodus, am 14. Nisan des Jüdischen Kalenders (identisch mit dem ersten Vollmond nach Frühlingsanfang), sollten auf Geheiß Gottes die Türpfosten der Häuser, in denen das jüdische Pessach-Fest gefeiert wurde, mit dem Blut der geopferten Lämmer bestrichen werden, damit deren Bewohner gerettet werden können.

Jesus Christus wurde nun auch am 14. Nisan, einem Freitag, nach dem Johannes-Evangelium zur Zeit der Opferung der Pessach-Lämmer, gekreuzigt. Das "Lamm Gottes" ist im Christentum ein verbreitetes Symbol für Jesus Christus.

"Als unser Pessachlamm ist Christus geopfert worden." (1. Korintherbrief)

Laut offizieller Geschichte soll die Zählung der Jahre "ab Anno Incarnatione Domini" (seit der Fleischwerdung des Herrn) einer anderen in Quellen vorhandenen Zeitrechnung, der "Anno Salutis"-Jahreszählung entsprechen. Beide Zeitrechnungen sollen also am Anfang unserer heutigen christlichen Jahreszählung stehen.

Diese Zeitrechnung "Anno Salutis" nimmt ganz klar Bezug auf ein Heilsereignis. Da "Salus" die Bedeutung "Rettung, Heil, Gesundheit" hat, kann es es sich hier nur um die Errettung und Erlösung des Volkes Israel aus seiner Knechtschaft beim Auszug aus Ägypten handeln.

"Diesen Tag sollt ihr als Gedenktag begehen. Feiert ihn als Fest zur Ehre des Herrn! Für die kommenden Generationen macht euch diese Feier zur festen Regel! " (2. Buch Mose 2, 14)

Im selben Jahr verkündete Gott die Zehn Gebote. Das Jahr 2448 nach Jüdischer Zeitrechnung (beginnend ab 3761 v. Chr.) ist das Jahr 1312/1313 v. Chr., das Jahr, in dem, mythisch verklärt nach Altem Testament, Moses auf den Berg Sinai stieg, um von Gott höchstpersönlich die Gesetzestafeln zu empfangen.

Abb. 64: Jesus aus dem Alten Testament – erst nach der lateinischen Bibel-Version Vulgata "Josua" genannt, jetzt chronologisch 1313 Jahre vor dem neutestamentlichen Jesus

"Mose blieb dort beim Herrn vierzig Tage und vierzig Nächte.(...). Er schrieb die Worte des Bundes, die zehn Worte, auf Tafeln." (2. Buch Mose 34,28)

Ein würdiger Anfang für den Beginn einer neuen Ära. So ist denn auch Jom Kippur, der bedeutendste jüdische Feiertag am 10. Tag des neuen jüdischen Jahres, eine Erinnerung an das Ende der 40 Tage, die Moses auf dem Berg Sinai verbrachte und Gott den Bund mit den Menschen schloss.

Eine andere Figur aus dem Alten Testament hat den gleichen Namen wie der Jesus des Neuen Testaments. Der wichtigste Heerführer des Alten Testaments (Buch "Jesus"/auf Latein ab Vulgata: Buch "Josua" genannt) war Jesus. Er führte als Zeitgenosse und unmittelbarer Nachfolger von Moses das Volk Israel ins Heilige Land, schlug dort alle Völker "mit der Schärfe des Schwertes", eroberte das Land und verteilte es an die Stämme.

Diese Person heißt heute noch im Griechischen, Kirchenslawischen sowie Russischen "Jesus" (Ιησους). Nur im Lateinischen (ab Vulgata) und den darauf aufbauenden Bibelübersetzungen wird diese Person "Josua" genannt, um sie von der neu geschaffenen neutestamentlichen Gestalt "Jesus" abzugrenzen.

Der Koran kennt keine zeitliche Distanz von 1313 Jahren zwischen dem Auszug aus Ägypten und der Geburt von Jesus Christus. Im Koran wird Jesus "Isa" genannt (Auf einem Fresko im Kloster Hosios Lukas in Griechenland wird der alttestamentliche Josua als „ICO" = Iso bezeichnet, siehe Abb. 64). Dieser Isa gehört in die Zeit von Moses. Er wird als Sohn der Schwester von Moses, Maria/Mirjam, geboren, und soll vor dem Ende der Welt nach seiner Rückkehr auf die Erde den Antichrist und dessen Anhänger töten. Im Islam wird Jesus nicht "geopfert", also gekreuzigt, sondern direkt von Gott in den Himmel erhoben. [Tabari S. 114].

Die Bezeichnung als "Christus" (von griechisch Χριστός = der Gesalbte) ist nichts anderes als der Verweis auf sein Königsamt. Im biblischen Israel erfolgte die Erhebung zum König mittels ritueller Salbung durch den höchsten Priester. Christen sind damit nichts anderes als Anhänger des Königs, im Gegensatz etwa zu Anhängern anderer Herrscher oder seiner Feinde.

Warum das christliche Symbol der Fisch war (insbesondere als Geheimsymbol bei den "Frühchristen"), kann man so auch überzeugender erklären. Der alttestamentliche Jesus wird wiederholt als "Sohn des Nun" beschrieben. "Nun" ist aber nichts anderes als das aramäische Wort für "Fisch".

Ab wann zählt man nun offiziell die Jahre seit Christi Geburt? Die Dokumente der römisch-katholischen Kirche (gewissermaßen seines Stellvertreters) sind erst ab dem späten 14. Jahrhundert nach Inkarnationsjahren datiert. Im Römisch-Byzantinischen Reich, also da, wo das Christentum ursprünglich herkam, wurden bis zum Ende (1453) nie nach Jesus Christus die Jahre gezählt. Im dritten Rom, dem Moskauer Reich, hat man gar erst ab dem Jahre 1700 AD die Zeitrechnung ab Erschaffung der Welt auf die Geburt Jesu Christi umgestellt.

Da ist es schon verwunderlich, dass uns eine Reihe von Königsurkunden mit Angabe der Jahreszahl nach christlicher Zeitrechnung überliefert sind, die aus der Zeit Karls des Großen, seiner Nachfolger sowie der Könige des Ostfränkisch/Römisch-Deutschen Reiches stammen. Weniger überraschend wäre in diesem Zusammenhang, dass alle diese Urkunden Fälschungen aus späterer Zeit sein könnten, zumindest bis ins 13. Jahrhundert hinein. Wie bereits erwähnt, sind tatsächlich nach H.C. Faußner aus rechtshistorischer Sicht nahezu alle Königsurkunden vor 1122 (Wormser Konkordat) Fälschungen [Faußner 2003].

Wie sieht es mit der Verbindung der Jahreszählung seit Gründung der Stadt Rom mit der christlichen Zeitrechnung aus? Es wurde erst spät festgelegt, welchem Jahr ab urbe condita (Gründung Roms) das Jahr 1 nach Christus entspricht. Dionysius Exiguus zieht diese Verbindung noch nicht. Im Allgemeinen wird hier die Zeit um 600 und Papst Bonifatius IV. genannt. Seit dieser Zeit gilt die Gleichung für die Umrechnung der Ära seit der Gründung der Stadt Rom (ab urbe condita) in die Ära nach Christi Geburt (Anno Domini)

754 a.u.c = 1 n. Chr., d.h. die Gründung Roms lag im Jahre 753 v. Chr.

Abb. 65: Jesus Christus als Krieger

Der Autor hat in [Arndt 2010] quellengestützt auf der Basis der Chronik des Lupus Protospatharius Barensis aus dem 12. Jahrhundert gezeigt, dass auf Grund eines anderen Gründungsdatums von Rom das Jahr 1 n. Chr. ursprünglich im 11. Jahrhundert lag. Dieser Chronist sieht nämlich die Gründung Roms (ab urbe condita) <u>nach</u> dem Beginn der Anno-Salutis-Jahreszählung, und zwar im Jahre 258 Anno Salutis.

Nach herrschender Meinung soll die Jahreszählung Anno Salutis gleich der Jahreszählung Anno Domini sein, also unserer heutigen christlichen Zeitrechnung. Dann würde die Gründung Roms in der heutigen Chronologie 1011 Jahre vor der Gründung Roms in der Chronik des Lupus liegen.

Legt man nun das Jahr 258 Anno Salutis nach Lupus für die Gründung Roms zugrunde, so ergibt sich für das Jahr 1 n. Chr. das Jahr 1012 (258 + 754) unserer heutigen Zeitrechnung.

Die heutige christliche Zeitrechnung hatte also offensichtlich ursprünglich einen anderen Bezugspunkt, nämlich den Exodus aus Ägypten, heute auf 1313 v. Chr. datiert – mit der oben beschriebenen Verbindung zu Jesus aus dem Alten Testament. Durch die Umrechnung der Daten für die Gründung Roms auf heute gültige Werte ergibt sich, dass das Leben Jesu Christi um 1010-1011 Jahre in die Vergangenheit verschoben wurde, genau wie auch der Zeitpunkt der Gründung Roms. Siehe Grafik 43 unten:

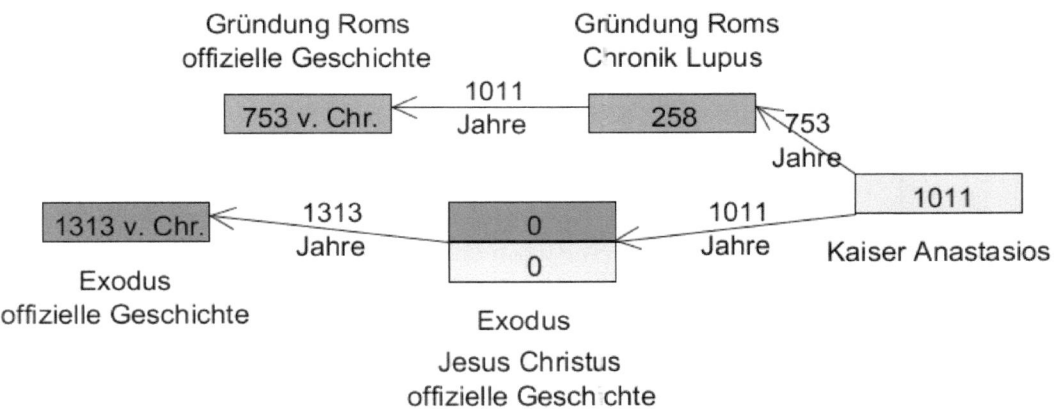

Grafik 43: Verschiebung wichtiger Daten um 1011 und 1313 Jahre

Der Auferstandene auf dem Kaiserthron

An dieser Stelle ist ein kurzer Hinweis auf ganz offensichtlich gefälschte ca. 300 Jahre römischer Geschichte zwischen Kaiser Konstantin I. (306-337) und Kaiser Phokas (602-610) notwendig. Seit der Machtergreifung von Konstantin I., der früher als erster christlicher Kaiser galt, war nämlich bis zum Putsch von Phokas kein einziger Kaiser von seinem Nachfolger auf dem Thron (bzw. in dessen Auftrag) ermordet worden.

Fast alle Kaiser zwischen 337 und 602 starben eines natürlichen Todes, nur wenige in einer Schlacht gegen äußere Feinde. Aber kein einziger Kaiser wurde ermordet, so wie es vor 337 und ab 602 eher der Regelfall als die Ausnahme war. Hier ist ganz offensichtlich die ohnehin schon gefälschte Geschichte auffällig geschönt worden.

Auffallend häufig findet man nun Namensvetter der Kaiser der Zeit vor 602 in der Zeit nach 602 wieder. Starben die Kaiser vor 602 eines natürlichen Todes, so werden sie ab 602 in der Regel ermordet. Bei diesen Kaiserpaaren hat man offensichtlich die Biographien aufgeteilt, um in der Chronologie der offiziellen Geschichte erfundene Zeit zu füllen. Dies betrifft u.a. auch Kaiser mit Namen Anastasios und Justinian.

Anastasios I.: 491-518, Anastasios II.: 713-715/716, missglückter Putsch 719
Justinian I.:527-565, Justinian II.: 685-695 und 705-711

In Hack #7 wurde gezeigt, dass Berichte über Sonnen- und Mondfinsternisse der Zeit zwischen 400 und 600 n. Chr. 521 Jahre später gleich gut und sogar besser mit tatsächlichen Finsternissen nach Rückrechnung übereinstimmen. Ausgehend von 521 n. Chr. würde dies für das Jahr 491 (Amtsantritt des byzantinischen Kaisers Anastasios I.) bedeuten:

521 + 491 = 1012. Das Jahr 1012 entspricht dem ersten Jahr des Auferstandenen, Jesus Christus, wie oben beschrieben.

Anastasios heißt "der Auferstandene" und ist ein Synonym für Jesus Christus. Nach offizieller Geschichte konsolidierte Anastasios das Römische Reich nach der Reichskrise des 5. Jahrhunderts – eine wahre Auferstehung! Wegen seiner Münzreform beginnt in der Numismatik üblicherweise mit ihm das Byzantinische Reich.

Anastasios I. war der letzte römische Kaiser, der den Titel "Pontifex" trug, einen Titel, den auch die römisch-katholischen Päpste tragen. Nach Anastasios musste also ein anderer dieses Amt übernehmen.

Nach Anastasios I. wurde auch kein römischer Kaiser mehr als"Divus" (der Göttliche) bezeichnet. Diese Ehrung römischer Herrscher soll bis auf Julius Caesar zurückgehen. Mit der Verehrung als "Göttlicher" ist auch die Himmelfahrt verbunden, d.h. der Göttliche Anastasios gelangt, ohne zu sterben, ins Jenseits.

Abb. 66: Münze des Auferstandenen
als Krieger, Kaiser Anastasios I. (491-518)

Nach Überlieferungen gab es zu seiner Zeit Endzeiterwartungen. Die Wiederkunft von Jesus Christus soll erwartet worden sein. Einige sahen in Anastasios I. den Anti-Christus.

Sein Namensvetter Kaiser Anastasios II. wurde 715/716 zum Rücktritt gezwungen und lebte danach drei Jahre in einem Kloster. 719 wollte er den amtierenden Kaiser Leo III. stürzen. Der Versuch misslang und Anastasios wurde hingerichtet.

Petrus auf dem Kaiserthron

Sein Nachfolger auf dem Kaiserthron war der nur kurz regierende Justin I. Danach wurde ein gewisser Petrus Kaiser, unter dem Namen Justinian I. Als Kaiser war er in der römischen Staatskirche auch der oberste Kirchenführer, so etwas wie später im Westen die Päpste, von denen der erste auch Petrus hieß.

Justinian I. trieb die Christianisierung entschieden voran und verfolgte Nichtchristen energisch. So führte er die Zwangstaufe für alle Kinder im Römischen Reich ein (außer für Juden), womit praktisch alle im Römischen Reich Geborenen zu Christen wurden (außer der Juden). Er ließ z.B. auch die Akademie Platons in Athen schließen.

Der Bruder dieses Petrus auf dem Kaiserthron hieß Paulus und war Konsul. Noch heute erinnert ein Gedenktag an die beiden Apostel und Kirchenväter Petrus, den Nachfolger des Auferstandenen, und Paulus.

Damit sind diese Namen der frühchristlichen Geschichte wohl von der oströmischen Geschichte übernommen worden.

Abb. 67 (links): Barberini-Diptychon,
dargestellt ist entweder Kaiser Anastasios I. oder Justinian I.

Der Namensvetter Justinian II. prägte als erster Kaiser Münzen mit der bildlichen Darstellung von Jesus Christus mit der Inschrift "DN IHS CHS REX REGNANTI-UM" = Unser Herr Jesus Christus König der Könige (= Kaiser). Auch er wurde wie der zweite Anastasios gestürzt und hingerichtet.

Abb. 68 (unten): Solidus von Kaiser Justinian II. (668-711)
mit der ersten Darstellung von Jesus Christus auf einer Münze

Der Stern von Bethlehem

Im Matthäusevangelium wird von einer auffälligen Himmelserscheinung berichtet, die zum Zeitpunkt der Geburt von Jesus Christus sichtbar war.

"Als Jesus zur Zeit des Königs Herodes in Betlehem in Judäa geboren worden war, kamen Sterndeuter aus dem Osten nach Jerusalem und fragten: Wo ist der neugeborene König der Juden? Wir haben seinen Stern aufgehen sehen und sind gekommen, um ihm zu huldigen. … Und der Stern, den sie hatten aufgehen sehen, zog vor ihnen her bis zu dem Ort, wo das Kind war; dort blieb er stehen." [Matthäus 2,1.9]

Um was für ein Himmelsphänomen es sich bei diesem "Stern" handelt, ist offen. Es gibt verschiedene Theorien, die alle die Datierung der Geburt von Jesus Christus um den Beginn unserer Zeitrechnung herum voraussetzen. Die einen meinen, es wäre ein Komet oder eine Nova, andere meinen, es wäre eine auffällige Konjunktion von Jupiter und Venus oder Jupiter und Saturn.

Bei der Datierung des Erscheinens des Auferstandenen auf das Jahr 1012 (521 + 491), den Amtsantritt des byzantinischen Kaisers Anastasios I., kommt eine Nova in Frage.

Anastasios I. wird am 11. April 491 Kaiser, am Mittwoch vor Ostersonntag.

In den Chroniken wird übereinstimmend für das Jahr 1012 (+/- 6 Jahre) der Ausbruch einer Nova berichtet - ganz offensichtlich der "Stern von Bethlehem".

"Es sei im Frühjahr (zwei Quellen: Woche nach Ostern) ein neuer Stern am Himmel erschienen, der drei Monate am Tageshimmel neben der Sonne sichtbar gewesen sein soll." [z.B. Annales Sangallenses, zitiert in Newton 1972, S. 106-107]

Laut Newton soll dieser Teil der Annales Sangallenses einen durchgängigen Fehler von 6 Jahren haben. Damit stimmt dann das Jahr 1012 ganz genau, da die Annales Sangallenses das Jahr 1006 nennen.

Thietmar von Merseburg [zitiert in Newton 1972, S. 108] gibt das Jahr 1013 für den *"neuen Stern am Tageshimmel"* an, ebenfalls nach Ostern.

Abb. 69: Anbetung der Könige, im Hintergrund der "Stern von Bethlehem"

178

Die erfundene Papstliste

In den Medien lenkt eine Frage vom eigentlichen Thema ab: Gab es eine Päpstin Johanna?

Wie jeder weiß, bauten die vermeintlich mächtigen Päpste des Mittelalters keine beeindruckenden Kathedralen wie andere Bischöfe dieser Epoche.

Die entscheidende Frage lautet also: Gab es in der Antike und im Mittelalter überhaupt Päpste?

Da das Neue Testament der Bibel eine literarische Fiktion ist, sind auch viele der römisch-katholischen Päpste der Antike und des Mittelalters fiktiv.

Jesus Christus übergibt die Schlüssel des Himmelreichs an Petrus, seinen Nachfolger und ersten Papst von Rom - eine Fiktion.

Und die folgende Liste der römisch-katholischen Päpste ist dann natürlich auch eine Fälschung. Das hat die Analyse des Autors ergeben:

Zumindest die Teile der Liste der Päpste 141-314 und von 685-1455 (erster Borgia-Papst Callixt III) sind ganz offensichtlich erfunden. Diese Teile bestehen aus

a) leicht veränderten Kopien früherer Abschnitte und

b) Konstruktionen, die bestimmten Algorithmen folgen.

So dient z. B. der Zeitraum von 384-530 als Vorlage für eine Kopie des Zeitraums von 687-891, was die Amtszeiten betrifft. Der Zeitraum von 523-685 dient als Vorlage für eine Kopie des Zeitraums von 685-858 bezüglich der Namen.

Abb. 70: Jesus Christus übergibt die Schlüssel des Himmelreichs an Petrus

Im Zeitraum von 685-858 (173 Jahre) besteht eine hohe Korrelation zwischen den Namen der Päpste und denen von 523-685 (162 Jahre).

Genauer gesagt
1) identische Namen,
2) sehr ähnliche Namen, oder
3) ein identisches Muster von Namenswiederholungen.

Diese Merkmale treffen auf 50 % aller Namen der Päpste dieser Zeit zu.

Die Grenzen 384, 530, 687 und 891 entsprechen dem Ende jeweiliger Abfassungen des "Liber pontificalis" (offizielles "Buch der Päpste") in der Überlieferung und sind somit quellenbasiert und historisch begründet. Dass es gerade an diesen Grenzen (und weiteren) auch Brüche in der Strukturierung gibt, belegt den artifiziellen Charakter der gesamten Papstliste.

Die Papstliste ab 1046 besteht aus Kontruktionen, die bestimmten Algorithmen folgen. Die kopierten bzw. konstruierten Abschnitte haben jeweils eine Länge von 10 (einmal), 14 (dreimal), 18 (dreimal) bzw. 21 (einmal) Päpsten.

Einige Beispiele:

Eine leicht veränderte Kopie des Abschnitts von 523-608 mit den Päpsten Sylvester II. und Sylvester III. umfasst 14 Päpste von 984-1048. Dieser Abschnitt ist um die Päpste Gregor V. als ersten deutschen Papst (Pendant: Bonifatius II. als erster germanischer Papst) und Clemens II. als zweiten deutschen Papst (Pendant: Pelagius II. als zweiter germanischer Papst) strukturiert. Beide Päpste haben einen zeitlichen Abstand von 466 Jahren (siehe Tabelle 17).

984	530
Bonifatius VII. Johannes XV.	Bonifatius II. (= Gregor V. 466 Jahre) Johannes II.
Gregor V. (= Bonifatius II. 466 Jahre)	
Johannes XVI. Philagathos Silvester	Agapitos Silverius
21 Jahre (4 Päpste)	24 Jahre
Johannes XIX. Benedikt IX.	Johannes III. Benedikt I.
Silvester III. (Giovanni di Sabina)	
Gregor VI. Clemens II. (466 Jahre Abstand)	Pelagius II. (466 Jahre Abstand) Gregor I. Sabinianus

Tab. 17: Eine interessante Kopie der Papstliste ab 530 in den Jahren ab 984, mit den ersten germanischen (gotischen) Päpsten Bonifatius II. und Pelagius II. und den ersten deutschen Päpsten Gregor V. und Clemens II. 466 Jahre später. Man beachte auch die Paare Philagathos/Agapitos, Sylvester/Silverius, G. di Sabina/Sabinianus!

Weiteres Beispiel in der erfundenen Papstliste (Tabelle 18): Der Abschnitt von 844 – 911 ist teilweise eine Konstruktion (Anfang und Ende) und teilweise eine gering variierte Kopie des 418 Jahre später beginnenden Abschnitts 1276-1334, der eindeutig konstruiert ist (wie unten gezeigt wird). Es sind 18 Päpste enthalten.

Man beachte auch die Anordnung der Päpste mit dem Namen Anastasius („der Auferstandene")!

Päpste 844 - 911	Päpste 1276 - 1334	Differenz
Sergius II. Leo IV. Benedikt III.		
Gegenpapst Anastasius III.		
Nikolaus I. Hadrianus II. Johannes VIII.	Hadrianus V. Johannes XXI. Nikolaus III.	418 Jahre
Mar(t)inus I. Hadrianus III. (HDRNS) Stephan V. Formosus Bonifatius VI. Stephan Romanus Theodor Johannes IX.	Martin II. Honorius IV. (HNRS) Nikolaus IV. Coelestin V. Bonifatius VIII. Benedikt XI. Clemens V. --------------- Johannes XXII.	418 Jahre
Benedikt IV. Leo V. Sergius III.	Benedikt XII.	
Anastasius III.		

Tab. 18: Die wohlstrukturierte Papstliste von 844-911. 911 folgt ein Papst mit Namen Anastasius ("der Auferstandene"). Hadrianus/Honorius sind in der gesamten Papstliste mehrmals parallel angeordnet. Päpste mit Namen Theodor ("Gottesgabe") stehen als einzige Päpste mehrmals ohne Parallelpapst. Die Päpste mit Namen Marinus wurden früher als Martinus geführt.

Die Liste der Päpste von 1046 bis 1145 (18 Päpste) ist eindeutig ein Fake (siehe Grafik 44 unten). Die Päpste mit der Nummer "II" sind dominant, am Anfang noch im Wechsel mit "IX". Genau in der Mitte stehen zwei Päpste mit anderer Nummerierung.

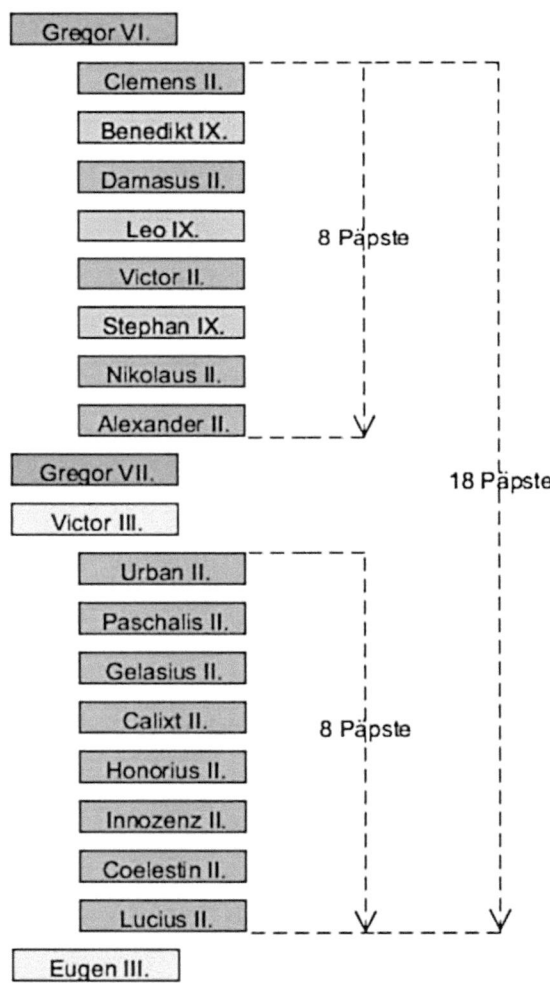

Grafik 44: Die Papstliste von 1046-1145

Von 1145 - 1276 gibt es ebenfalls 18 Päpste (siehe Grafik 45 unten), am Anfang und am Ende mit einem Papst mit dem Namen Hadrian. Die Päpste mit den Nummern "III" und "IV" sind nacheinander dominant, am Ende die mit der "V". Dieses Muster wird nur durch Päpste mit dem Namen "Gregor" unterbrochen, so auch von 1046 - 1145 (siehe Grafik 44).

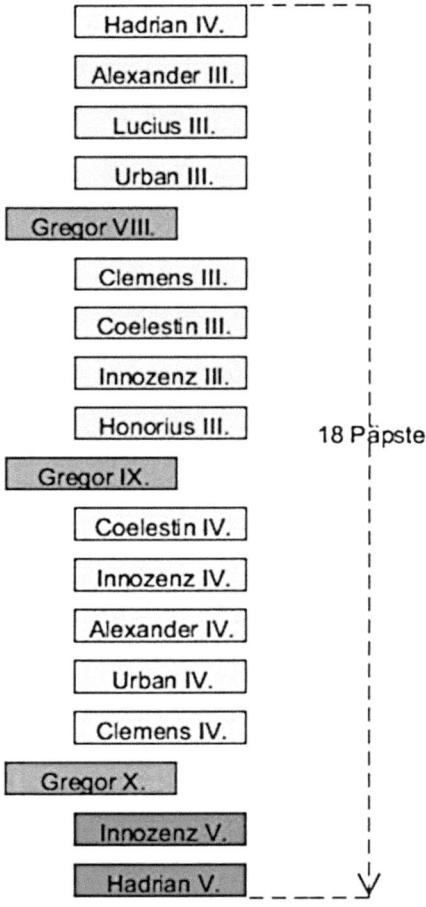

Grafik 45: Die Papstliste von 1145-1276

Die Liste von 1277 - 1455 (siehe Grafik 46 unten) beginnt und endet mit einem Papst Nikolaus (vor dem ersten Borgia-Papst Kallixt III.).

Eine deutlich sichtbare Konstruktion, die aber etwas komplizierter ist. Unmittelbar sichtbar sind der Anfang und das Ende (Martin -> Nikolaus) und die Päpste um Johannes XXII., den ersten Papst, der sein Pontifikat in Avignon beginnt.

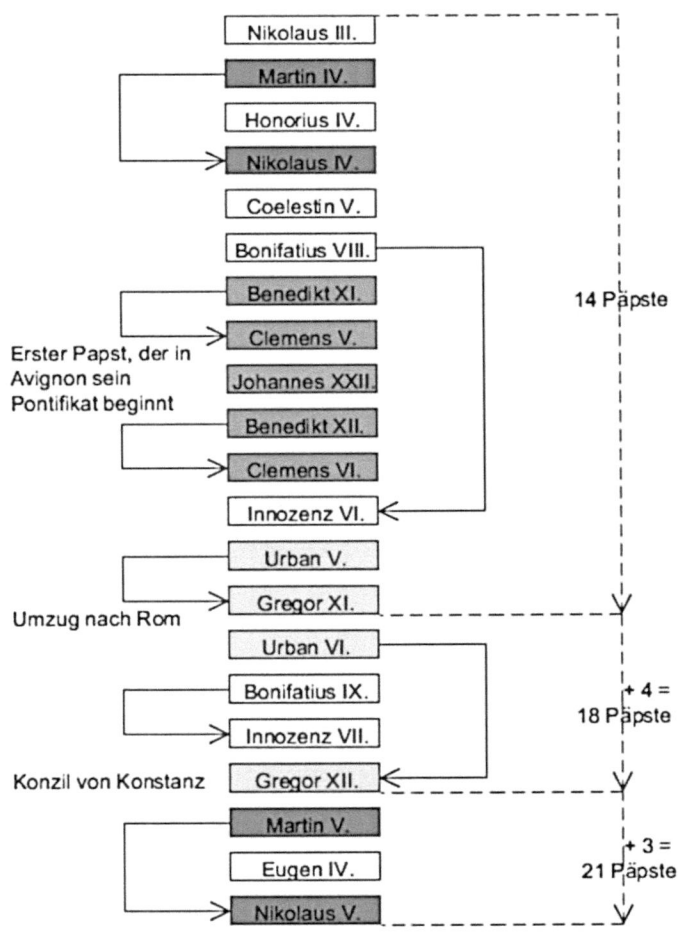

Grafik 46: Die Papstliste von 1277-1455

Abb. 71: Der Einzug von Papst Gregor XI. in Rom 1377 (Fresko von Giorgio Vasari, ca. 1571–1574). Von 1309 bis 1377 war Avignon in Frankreich Sitz des Papstes. Auch erst seit dieser Zeit verliert die Papstliste ihren artifiziellen Charakter .

Die Borgia und Medici des 15./16. Jahrhunderts (und zwar alle) haben sich in der Papstliste des Mittelalters mit den Grafen von Tusculum [stammt ebenso von "Tusci" wie Toskana] verewigt, die im 10./11. Jahrhundert Papst wurden. Deren Pontifikate liegen (fast) genau 500 Jahre davor (siehe Seite 187).

Johannes XII. (955.964)	Kallixt III. (1455-1458)
Silvester II. (959-1003), der nicht Graf von Tusculum ist. Silvester II. lebte lange im (damaligen) Aragonien, dem Herkunftsland der Borgias, wo er seine Ausbildung erhielt und studierte.	Alexander VI. (1492-1503)
Benedikt VIII. (1012-1024)	Leo X. (1513-1523)
Johannes XIX. (1024-1032)	Clemens VII. (1523-1534)
Benedikt IX. (1032-1048)	Paul III. (1534-1549), der mit dem Borgia-Papst Alexander VI. verschwägert war
Benedikt X. (1058-1060)	Pius IV. (1559-1565)

Die Borgia und Medici-Päpste (rechts) und Grafen von Tusculum (links) (fast) exakt 500 Jahre zuvor.

Schon der englische Historiker E. Johnson (1842-1901) hatte erkannt,, dass das Christentum gar nicht so alt ist, wie es in den Geschichtsbüchern steht. Alle frühchristlichen Schriften inklusive der Bibel sind nach seinen Forschungen erst in der Zeit um 1500 und später entstanden, und damit auch das Christentum [Johnson 1894 und 1904].

In der Tat wurde von der katholischen Kirche erst auf dem Konzil von Trient (1545-1563) der lateinische Text der Bibelversion "Vulgata" als verbindlicher Bibeltext bestimmt. Dieser Bibeltext soll nach offizieller Geschichte in der Zeit um 400 entstanden sein, also über 1100 Jahre zuvor. Als Verfasser wird Hieronymus (347-420) genannt, der den griechischen Text des Alten Testaments ins Lateinische übersetzt und für das Neue Testament eine ältere Übersetzung überarbeitet haben soll.

"Hieronymus" (Ἱερώνυμος) ist griechisch und bedeutet "Heiliger Name". Das ist in der Tat ein passender Name für den Verfasser der Heiligen Schrift!

Eine neue Chronologie
der Geschichte der Menschheit

Der wahre Beginn unserer Zeitrechnung

Es ist bekannt, dass das Christentum viel von älteren Traditionen übernommen hat.

Z. B. Weihnachten = Wintersonnenwende, oder Ostern = Passah, das auf den Auszug des Volkes Israel aus Ägypten vor 1313 v. Chr. zurückgeht.

"Christus, unser Passahlamm, ist geopfert worden." (1. Korintherbrief)

Jesus Christus wurde angeblich zur Zeit der Opferung der Passahlämmer gekreuzigt (Johannesevangelium).

Nach den Entdeckungen des Autors wurde auch der Beginn unserer Zeitrechnung von älteren Traditionen übernommen.

Der wahre Beginn unserer Zeitrechnung: Der Exodus des Volkes Israel aus Ägypten. Moses besteigt den Berg Sinai und Gott schließt den Bund mit den Menschen. 40 Jahre später: Jesus (aus dem Alten Testament) überquert mit der Bundeslade den Jordan: Einzug in das Gelobte Land (siehe auch Kapitel *"Jesus Christus auf dem Kaiserthron"*, Seiten 167-173).

Zwischen dem Auszug aus Ägypten und der angeblichen Geburt von Jesus Christus liegen 1313 erfundene Jahre. Der Jesus des Alten Testaments wird heute nur in Bibelversionen, die auf die lateinische Bibel zurückgehen, "Josua" genannt. Eine Namensänderung, um ihn von dem neu geschaffenen (verdoppelten) Jesus des Neuen Testaments zu unterscheiden.

Das Vorbild für den Jesus Christus des Neuen Testaments lebte 1000 Jahre später, im 11. Jahrhundert: Es ist der oströmische Kaiser Anastasios (englisch: "Der Auferstandene", ein Synonym für Jesus Christus) (siehe auch Kapitel *"Jesus Christus auf dem Kaiserthron"*, Seiten 173-178).

Wann lebte Alexander der Große?

Abb. 72: Alexander der Große auf einem Medaillon aus dem 3. Jahrhundert n. Chr.

Alexander der Große vereint Merkmale des alttestamentlichen und des neutestamentlichen Jesus. Er erobert viele Länder wie der alte, wird aber nur 33 Jahre alt wie der neue. Der Aufstieg in den Himmel ist ein künstlerisches Motiv, das sowohl mit Alexander als auch mit Jesus verbunden wird.

Der Autor hat in [Arndt 2020/2, S. 185 ff.] eine Neudatierung der babylonischen Finsternisberichte, 1136 Jahre später als in der offiziellen Geschichte, vorgeschlagen. Beispielsweise ereignete sich die vieldiskutierte Sonnenfinsternis vom angeblichen 15. 4 .136 v. Chr. in Wirklichkeit am 7. 4. 1000.

Alexander der Große wurde nach offizieller Geschichte im Jahre 356 v. Chr. geboren. Unter Berücksichtigung dieser Neudatierung liegt seine Geburt im Jahre 781 (-355 + 1136 = 781).

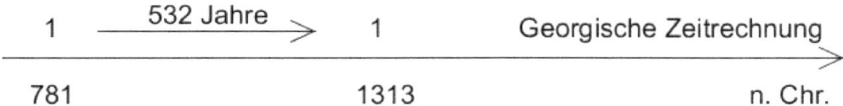

Grafik 47: Die georgische Zeitrechnung (in Georgien) beginnt im Jahre 781

Im Jahre 781 beginnt auch

1) die georgische Zeitrechnung (in Georgien im Kaukasus),

2) die passende Jahreszählung für römische Finsternisberichte der Zeit bis 395 n. Chr. (Teilung des Römischen Reiches) (siehe Seite 159), und

3) zuzüglich von drei Jahren (784) die für Rom passenden Osterdaten nach dem sogenannten Osterstreit.

Für die Finsternisberichte des 5. - 6. Jahrhunderts (nach der Teilung des Römischen Reiches 395) gibt es hingegen 521 Jahre später besser passende tatsächliche Finsternisse als in der offiziellen Geschichte (siehe Seite 160).

Wenn man die Finsternisberichte so chronologisch richtig einordnet, hat das natürlich auch eine richtige Einordnung der historischen Ereignisse zur Folge, die mit diesen Finsternisberichten in den historischen Quellen verknüpft sind.

Es wurde bereits gezeigt, dass man so feststellen kann, dass Anastasios I., der nach offizieller Geschichte im Jahre 491 römischer Kaiser in Konstantinopel wird, tatsächlich im Jahre 1012 sein Amt antritt (siehe Seiten 173 ff.):

521 + 491 = 1012

Das Jahr 1012, das ausgehend von 521 dem Jahr 491 entspricht, ist auch identisch mit dem Jahr 231, ausgehend von 781 (bzw. 228, ausgehend von 784). Zu dieser Zeit war Severus Alexander römischer Kaiser in Rom.

Babylonische Finsternisberichte passen, wie bereits erwähnt, 1136 Jahre besser. Die babylonische Geschichte ist mit der griechischen Geschichte untrennbar verbunden.

190

Ausgehend vom Jahr 1136 liegt nicht nur die Geburt Alexanders des Großen im Jahre 781, sondern auch der Beginn der Seleukiden-Ära (konventionell 311 v. Chr.) im Jahre 825. Im Jahre 825 beginnt auch der indische Malayalam-Kalender.

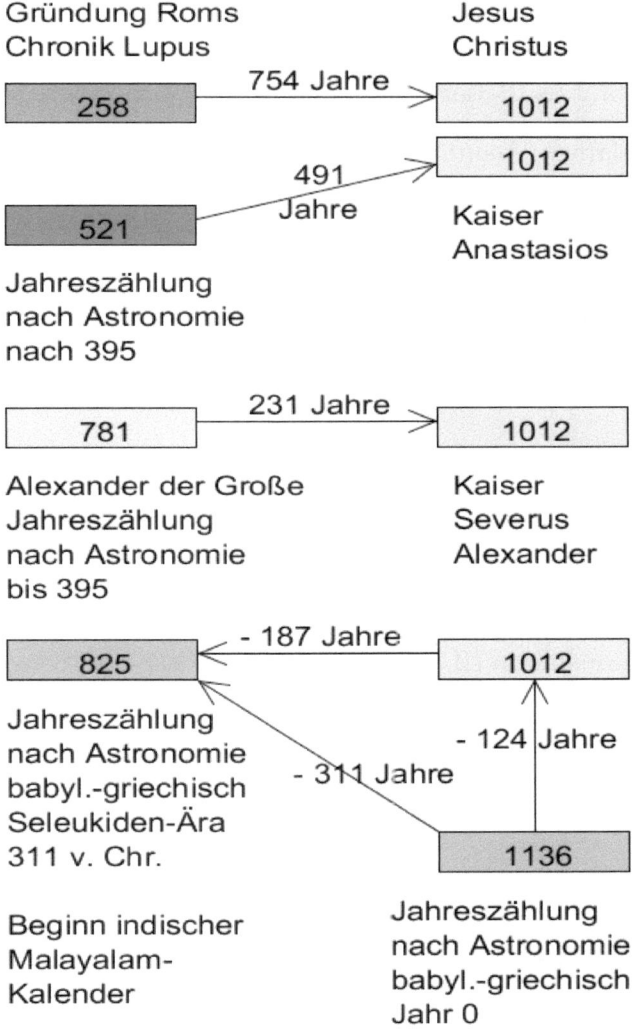

Grafik 48: Die Grundlagen der neuen Chronologie

Wann lebte Kaiser Konstantin der Große?

Der offiziellen Geschichte gemäß gab es römische Kaiser mit Namen Konstantin, Konstans und Constantius sowohl im vierten als auch im fünften Jahrhundert.

Constantius I. und II., Konstantin I. und II. sowie Constans I. herrschten nach offizieller Geschichte im vierten Jahrhundert nach Christus. Konstantin III., Constans II. sowie Constantius III. herrschten im fünften Jahrhundert.

Auch Kaiser mit Namen Valentinian, Theodosius, Julian und Jovian/Jovinus gibt es sowohl im vierten als auch in der ersten Hälfte des fünften Jahrhunderts.

Hier kommt natürlich sofort der Verdacht der Verdopplung von realen Personen in der Literatur auf.

Konstantin I. wird auch als "der Große" bezeichnet – Konstantin III. ist eher "der Kleine".

Konstantin III. wurde zwar genauso wie der I. in Britannien zum Kaiser ausgerufen, war aber faktisch erst nur Gegenkaiser und später Mitkaiser im Westen des Römischen Reiches. Er soll, einigen Autoren folgend, der Großvater von König Artus gewesen sein.

Die Neuordnung der Chronologie mit Hilfe der Astronomie, konkret der Finsternisberichte, setzt Konstantin III. (Kaiser von 407 – 411) in die erste Hälfte des 10. Jahrhunderts (Differenz +521 Jahre ab der Teilung des Römischen Reiches 395):

521 + 407 = 928

Er wäre damit nicht der III. Konstantin, sondern der I., da Konstantin I. (Kaiser von 306 – 337) nach der Neudatierung der Finsternisberichte später lebte (Jahreszählung nach Astronomie bis 395 entsprechend +781 Jahre, und nicht +521 Jahre wie danach):

781 + 306 = 1087

Die Nummerierung ist natürlich nur eine willkürliche Festlegung der offiziellen Geschichte.

Es muss daher davon ausgegangen werden, dass die Gründung von Konstantinopel und andere Heldentaten, die dem Konstantin des vierten Jahrhunderts (306 – 337) zugeschrieben werden, insofern sie nicht erfunden sind, eigentlich zum Konstantin des fünften Jahrhunderts (407 – 411) gehören, der tatsächlich vor ihm lebte.

Möglicherweise gab es den Konstantin (306 – 337) mitsamt der anderen Doppelgänger gar nicht?

Was die offizielle Geschichte nicht erklären kann: Kaiser Konstantin ließ in Rom den Konstantinsbogen (Arcus Constantini) errichten. Dieser Triumphbogen wurde durch die Kaiser Hadrian (117 – 138) und Marc Aurel (161 - 180), möglicherweise auch schon durch Trajan (98 – 117) erweitert.

Diese drei Kaiser herrschen nach offizieller Geschichte aber <u>vor</u> Konstantin.

Mit der beschriebenen Neudatierung der Finsternisberichte und der mit ihnen verbundenen historischen Ereignisse wird Kaiser Konstantin III. (jetzt der Erste!) in der Zeit von Kaiser Trajan eingeordnet.

Abb. 73: Der Konstantinsbogen in Rom im Jahre 1742

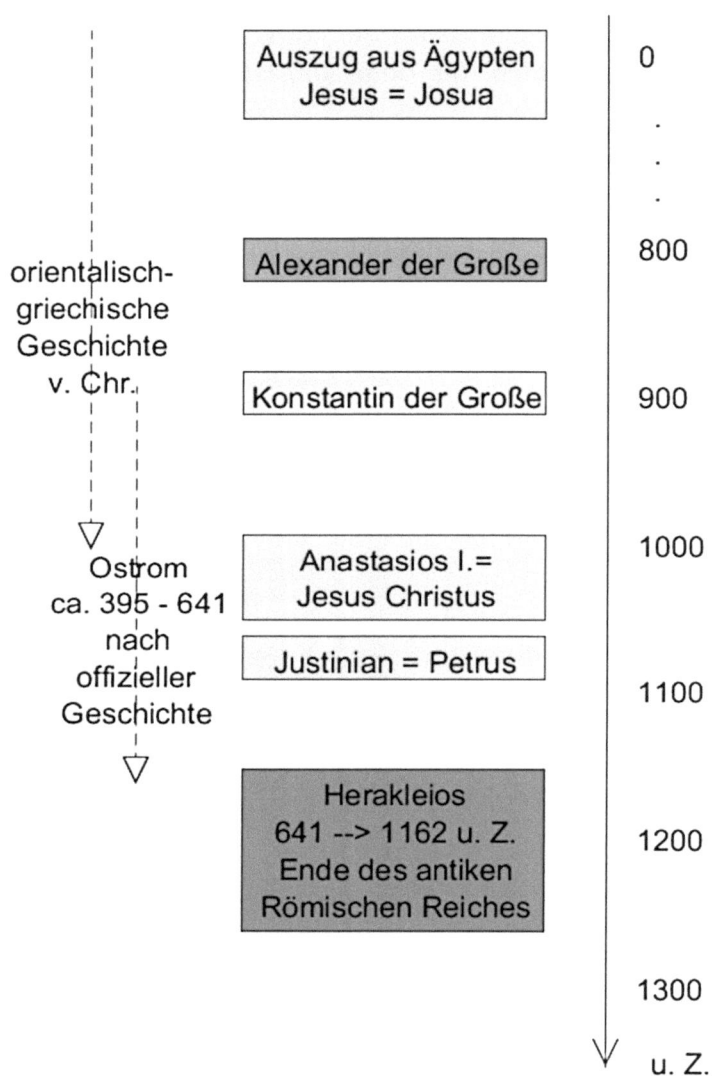

Grafik 48: Neue Chronologie orientalisch-griechisch-oströmische Überlieferung;
rechts der Zeitstrahl unserer Zeitrechnung (Common Era)

194

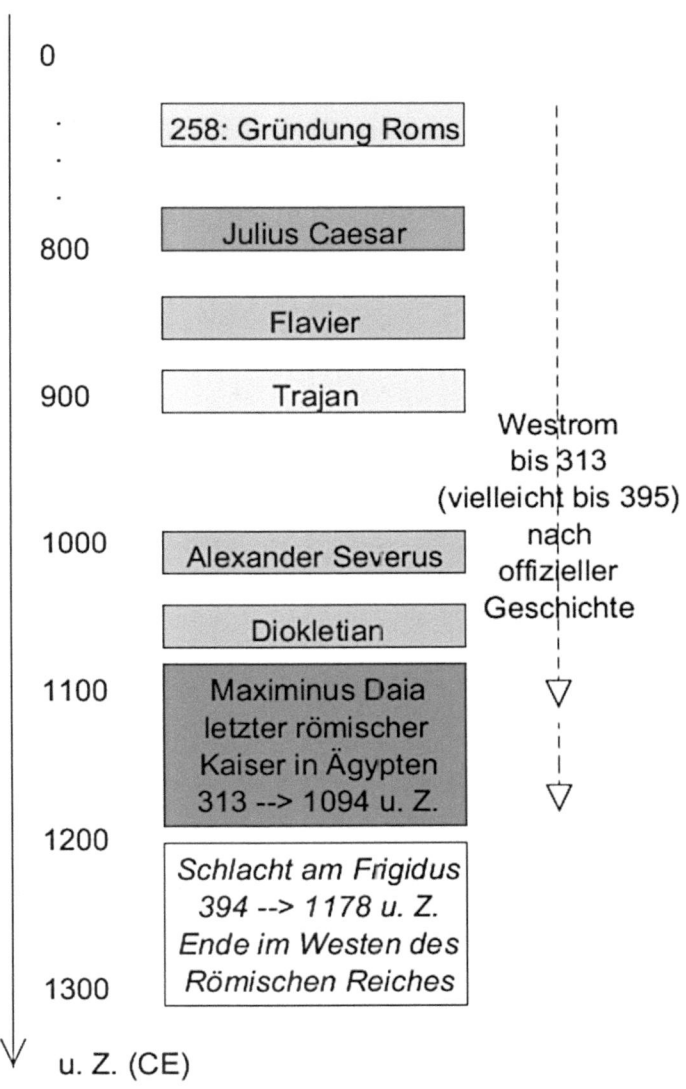

0

258: Gründung Roms

800   Julius Caesar

Flavier

900   Trajan

Westrom
bis 313
(vielleicht bis 395)
nach
offizieller
Geschichte

1000   Alexander Severus

Diokletian

1100   Maximinus Daia
letzter römischer
Kaiser in Ägypten
313 --> 1094 u. Z.

1200   *Schlacht am Frigidus
394 --> 1178 u. Z.
Ende im Westen des
Römischen Reiches*

1300

u. Z. (CE)

Grafik 49: Neue Chronologie (west-)römische Überlieferung
links der Zeitstrahl unserer Zeitrechnung (Common Era)

Eine neue Chronologie
(siehe Grafik S. 194/195)

Die Einordnung von Konstantin dem Großen am Anfang des 10. Jahrhunderts u. Z. (Common Era) verbindet die Kaiser der Flavischen Dynastie des ersten Jahrhunderts (Vespasian, Titus und Domitian) mit den Kaisern der Flavischen Dynastie des 4./5. Jahrhunderts (Constantius I., Konstantin I. usw.). Die offizielle Geschichte trennt hier willkürlich die Kaiser derselben Dynastie um mehrere Jahrhunderte.

Abb. 74: Kaiser Vespasian (69-79)

Abb. 75: Kaiser Konstantin I. (306-337)

Der Flavier-Kaiser Vespasian (69 - 79) hatte Byzantion, das spätere Konstantinopel, dem Römischen Reich einverleibt. Zuvor war es eine freie Stadt (civitas libera et foederata).

Ohne diese chronologische Korrektur liegen 209 Jahre zwischen dem Tod Domitians 96 und der Erhebung von Constantius zum Kaiser im Jahre 305. Zwischen Domitian und Konstantin III. 407 vergehen 311 Jahre.

Die germanischen Vandalen prägten Münzen mit dem Abbild von Vespasian, die dem 5. Jahrhundert zugerechnet werden. Dies passt nur mit der vorgeschlagenen neuen Chronologie.

In chinesischen Quellen werden Gesandte aus dem Römischen Reich erwähnt, die dem 2. Jahrhundert zugerechnet werden. Römische Goldmünzen, die in China gefunden werden, werden allerdings römischen Kaisern des 5. Jahrhunderts zugeordnet.

Die in Ägypten letzten römischen Kaiser, die hieroglyphisch bezeugt sind, sind Maximian (285-310), Galerius (293-311) und Maximinus Daia (305-313).

Aber weder Constantius I. noch Konstantin I. und Nachfolger haben in Ägypten Spuren hinterlassen.

Dies passt zur Neudatierung dieser Kaiser, die dann in Wirklichkeit parallel zu den in Ägypten bezeugten Kaisern des zweiten und dritten Jahrhunderts herrschten.

Nach der Neudatierung, entsprechend der Finsternisberichte verschoben um 781 - 784 Jahre, herrschte Maximinus Daia am Ende des 11. Jahrhunderts.

Endet hier schon die römische Geschichte, um 1100?

Oder geht es mit Kaisern mit Namen Konstantin, Constantius, Konstans usw. (wenn dies denn überhaupt richtige Namen sind) noch einige Jahrzehnte weiter?

Den wohl definitiv letzten Abschluss der weströmischen Antike stellt die Schlacht am Frigidus dar, einer der größten Schlachten des Römischen Reiches, mit der praktischen Vernichtung des West-Heeres. Zur Zeit der Schlacht wird in den Quellen (Zosimus) eine totale Sonnenfinsternis erwähnt.

Überliefert ist diese Schlacht am 5./6. 9. 394, wenige Monate vor der endgültigen Teilung des Römischen Reiches 395. Meine Datierung der Finsternis und damit der Schlacht ist eine Woche später, am 13. 9. 1178, mit einer Differenz von 784 Jahren zur Datierung der offiziellen Geschichte (siehe Seite 159).

Die offizielle Geschichte hat übrigens für die in den Quellen überlieferte Sonnenfinsternis während der Schlacht am Frigidus nichts Passendes zu bieten und datiert die Sonnenfinsternis auf den 20. 11. 393.

Abb. 76: Darstellung der Schlacht am Frigidus im Jahre 394

Unsere Zeitrechnung (Common Era) beginnt also nicht mit der Geburt des nach Auffassung des Christentums später gekreuzigten Jesus Christus, sondern mit dem Auszug des Volkes Israel aus Ägypten und dem Bund Gottes mit Moses und den Menschen (derzeit auf 1313 v. Chr. datiert).

Der römische/byzantinische Kaiser Anastastios I. (Neudatierung im 11. Jahrhundert u. Z.) spielt die Rolle des wiederkehrenden Jesus als Christus (Messias), des Auferstandenen, teilweise auch als Anti-Christus gesehen.

Petrus, sein Nachfolger auf dem Kaiserthron mit dem Kaisernamen Justinian I., begründet die orthodoxe Kirche.

Im 12./13. Jahrhundert u. Z. (Common Era) endet das antike Römische Reich sowohl im Westen als auch im Osten bzw. geht in die mittelalterlichen Reiche über.

Später wird dann in den nationalen Reichen Europas rückwirkend eine verlängerte Geschichte konstruiert, mit all den konstruierten mittelalterlichen Königslisten, die der Autor in seinem Buch *"Die wohlstrukturierte Geschichte"*[Arndt 2020/4] analysiert und beschrieben hat.

Ritterheere aus Westeuropa, auch "Kreuzfahrer" genannt, setzen die Kriege der Römerzeit im Nahen Osten fort.

1254 erscheint dann erstmals ein "Heiliges Römisches Reich" in den Schriftquellen, während der Besetzung Konstantinopels und des Großteils des Oströmischen Reiches durch die Kreuzfahrer. Nach dem Fall von Konstantinopel und dem Ende des Oströmischen Reiches im Jahre 1453 wird es um den Zusatz "Deutscher Nation" ergänzt.

Rückwirkend wird dann ab dem 16./17. Jahrhundert das Römische Reich ab der Spätantike in "Byzantinisches Reich" umbenannt. Zeitgleich wurde die Geschichte des "Heiligen Römischen Reiches Deutscher Nation" bis auf die Ottonen (911 bzw. 919) zurück verlängert.

Man versucht sogar, den Anfang der deutschen Geschichte bis auf einen sogenannten römischen Kaiser "Karl den Großen" zu verlängern. Dieser soll pünktlich auf den Tag genau 800 Jahre nach der Geburt von Jesus Christus vom Papst zum Kaiser gekrönt worden sein.

Abbildungsverzeichnis

Alle Grafiken und Tabellen im Buch wurden vom Autor dieses Buches erstellt.

Die Abbildungen zu den einzelnen Sonnen- und Mondfinsternissen stammen von der Website http://eclipse.gsfc.nasa.gov und sind gemeinfrei (Public Domain).

Alle anderen Abbildungen im Buch ohne Angaben zum Autor sind gemeinfrei (Public Domain) und stammen aus wikipedia.

Abb. 4: Silber-Denier, Karl der Große
Autor: PHGCOM, Lizenz: CC BY-SA 3.0
Quelle:
http://commons.wikimedia.org/wiki/File:Charlemagne_denier_Mayence_812_814.jpg

Abb. 19: Grosser Nordischer Krieg Phase1
Autor: S. Bollmann, Lizenz: CC BY-SA 3.0
Quelle: https://de.wikipedia.org/wiki/Datei:Grosser_Nordischer_Krieg_Phase1.png

Abb. 20: Vikings-Voyages
Autor: Bogdangiusca, Lizenz: CC BY-SA 3.0
Quelle: https://commons.wikimedia.org/wiki/File:Vikings-Voyages.png

Abb. 21: Die Völkerwanderungen im Europa vom zweiten bis fünften Jahrhundert n. Chr.
Autor: Sansculotte, Lizenz: CC BY-SA 3.0
Quelle: https://de.wikipedia.org/wiki/Datei:Karte_v%C3%B6lkerwanderung.jpg

Abb. 25: Kopf der Statue von Karl I. von Valois in St. Denis (Grab)
Autor: Sailko, Lizenz: CC BY-SA 3.0
Quelle:
http://commons.wikimedia.org/wiki/File:Basilica_di_saint_Denis_Carlo_di_Valois_01.JPG

Literaturverzeichnis

Althoff, Gerd (2005): Die Ottonen. Königsherrschaft ohne Staat; Stuttgart

Arndt, Mario (2010): Lupus Protospatharius Barensis und ein Versuch der Rekonstruktion der Chronologie; http://de.geschichte-chronologie.de/index.php?option=com_content&view=article&id=116:lupus-protospatharius-barensis-und-ein-versuch-der-rekonstruktion-der-chronologie&catid=4:2008-11-13-21-59-32&Itemid=92

Arndt, Mario (2010/1): Die Systeme der Namen der römisch-deutschen und französischen Könige des Hochmittelalters: http://de.geschichte-chronologie.de/index.php?option=com_content&view=article&id=112:die-systeme-der-namen-der-roemisch-deutschen-und-franzoesischen-koenige-des-hochmittelalters&catid=30:2008-11-15-18-07-26&Itemid=116

Arndt, Mario (2010/2): Von den Merowingern bis zu Karl V. und darüber hinaus - die Systeme der Königsnamen: http://de.geschichte-chronologie.de/index.php?option=com_content&view=article&id=113:von-den-merowingern-bis-zu-karl-v-und-darueber-hinaus-die-systeme-der-koenigsnamen&catid=30:2008-11-15-18-07-26&Itemid=116

Arndt, Mario (2012): Das wohlstrukturierte Mittelalter; Norderstedt

Arndt, Mario (2012/2): Die wohlstrukturierte Papstliste: http://de.geschichte-chronologie.de/index.php?option=com_content&view=article&id=128:die-wohlstrukturierte-papstliste&catid=30:2008-11-15-18-07-26&Itemid=116

Arndt, Mario (2012/3): Die wohlstrukturierte Antike: http://de.geschichte-chronologie.de/index.php?option=com_content&view=article&id=127:die-wohlstrukturierte-antike&catid=29:2008-11-15-18-07-02&Itemid=115

Arndt, Mario (2020/1): Die wohlkonstruierte Chronologie; Norderstedt

Arndt, Mario (2020/2): Astronomie und Chronologiekritik; Norderstedt

Arndt, Mario (2020/3): Wer war Karl der Große wirklich?; Norderstedt

Arndt, Mario (2020/4): Die wohlstrukturierte Geschichte; Norderstedt

Archiv (1900): Archiv für österreichische Geschichte, 88. Band; Wien

Assmann, Jan (2005): Das kulturelle Gedächtnis; München

Bach, Adolf (1943): Die deutschen Personennamen; Berlin

BdW (2001): Zwei Drittel der Merowinger-Urkunden sind Fälschungen in Bild der Wissenschaft 10.12.2001;
http://www.wissenschaft.de/home/-/journal_content/56/12054/1181939/

Berg, Dieter (2003): Die Anjou-Plantagenets; Stuttgart

Bluer, Peter (2018): "373 – A Proof Set in Stone"; Manchester

Boll, Franz (1970): Hebdomas in: Wilhelm Kroll: Paulys Realencyklopädie der classischen Altertumswissenschaft, Band. 7.2; Stuttgart

Borst, Arno (1990): Computus. Zeit und Zahl in der Geschichte Europas;Berlin

Brenner, Wolfgang (2019): "Das deutsche Datum. Der neunte November"; Freiburg

Calvisius, Seth (1650): Opus chronologicum; Frankfurt

Conzelmann, Hans (1954): Die Mitte der Zeit. Studien zur Theologie des Lukas. Beiträge zur historischen Theologie 17. Mohr, Tübingen 7. Aufl. 1993

Curzon, Paul und McOwan Peter (2018): Computational Thinking; Berlin

Danto, Arthur C. (1965): Analytical Philosophy of History; Cambridge

Däppen, Christoph (2004): Nostradamus und Das Rätsel der Weltzeitalter; Norderstedt

Davidson, R. (2002): Der Zivilisationsprozeß; Hamburg

Demandt, Alexander (1970): Verformungstendenzen in der Überlieferung antiker Sonnen- und Mondfinsternisee in: Abhandlungen der geistes- und sozialwissenschaftlichen Klasse Nr. 7; Mainz

Devlin, Keith (2003): "Das Mathe-Gen"; München

Diacu, Florian (2005): The Lost Millenium; Toronto

Dray, William (1954): Explanatory Narrative in History, in The Philosophical Quarterly, Volume 4, Issue 14, January 1954, Pages 15–27

Dübbers, Volker (2008): Gelüftete Geheimnisse des gregorianischen Kalenders = http://www.sinossevis.de/upload1/_Gel_374ftete_Geheimnisse_des_gregorianischen_Kalenders_Mai_2008.pdf

Duncan, David Ewing (1999): The Calendar; London

Eichhoff, Seibicke und Wolffsohn (Herausgeber) (2001): Name und Gesellschaft. Soziale und historische Aspekte der Namengebung und Namenentwicklung; Mannheim

Ewig, Eugen (2006):Die Merowinger und das Frankenreich; Stuttgart

Faußner, Hans Constantin (2003): Wibald von Stablo. Erster Teil. Einführung in die Problematik; Hildesheim

Feyerabend, Paul (1986): Wider den Methodenzwang; Frankfurt

Fomenko, Anatoli (1994): Empirico-statistical analysis of narrative material and its applications to historical dating; Dordrecht

Fomenko, Anatoli (2003-2006): History: Fiction or Science; Paris/London/New York

Fried, Johannes (2016): Karl der Große; München

Fried, Johannes (1996) :Stand und Perspektiven der Mittelalterforschung am Ende des 20. Jahrhunderts; Göttingen

Fuhrmann, Horst (1988): MGH, Band 33.I., Fälschungen im Mittelalter, Teil I; München

Geuenich, Dieter (1976): Die Personennamen der Klostergemeinschaft von Fulda im fruheren Mittelalter; Munchen

Geuenich, Dieter u.a. (Herausgeber) (1997): Nomen et gens. Zur historischen Aussagekraft fruhmittelalterlicher Personennamen; Berlin

Gautschy, Rita: Eclipsecitations, http://www.gautschy.ch/~rita/archast/solec/eclipsecitations.pdf

Gabowitsch, E. (2007): Erfundene Antike Teil 1: http://de.geschichte-chronologie.de/index.php?option=com_content&view=article&id=71:erfundene-antike-teil-1&catid=29:2008-11-15-18-07-02&Itemid=115

Gabowitsch, Eugen (2008): Die Geschichte der Geschichtsanalytik, Vortrag bei der IV. Internationalen Tagung für Geschichtsanalytik, Geschichtssalon Potsdam, Neuer Geschichtssalon Berlin, https://www.youtube.com/watch?v=R0WWiluNuBI

Gabowitsch, Eugen (2011): Chinesische Astronomie contra chinesische Geschichts-schreibung: http://de.geschichte-chronologie.de/index.php?option=com_content&view=article&id=122:chinesische-astronomie-contra-chinesische-geschichtsschreibung&catid=21:2008-11-15-18-03-39&Itemid=107

Ginzel, Friedrich Karl (1906-1914): Handbuch der mathematischen und technischen Chronologie (3 Bände); Leipzig

Goetz, Hans-Werner (1993): Die Zeit als Ordnungsfaktor in der hochmittelalterlichen Geschichtsschreibung, in Rhythmus und Saisonalität. Kongressakten des 5. Symposiums des Mediävistenverbandes in Göttingen 1993 Dilg, Peter; Keil, Gundolf; Moser, Dietz-Rüdiger [Hrsg.], Sigmaringen 1995

Grandes Chroniques de France, 15. Jahrhundert, Neuauflage in 10 Bänden (1920-1953); Paris

Grenon, Michel (2012) Charles d'Anjou; Paris

Grotefend, H. (1960): Taschenbuch der Zeitrechnung des deutschen Mittelalters und der Neuzeit; Hannover

Grundmann, Herbert (1987): Geschichtsschreibung im Mittelalter, Göttingen

Haldon, John (2007): Byzanz. Geschichte und Kultur eines Jahrtausends; Düsseldorf

Halsall, Paul (1997): Byzantine Historiography: http://legacy.fordham.edu/halsall/byzantium/texts/byzhistorio.asp

Heinsohn, Gunnar (2009): "Wie alt ist das Menschengeschlecht?"; Gräfelding

Heinsohn, Gunnar (2020): The 1st Millenium A.D. Chronology Controversy, https://www.q-mag.org/the-1st-millennium-ad-chronology-controversy.html

Herrmann, Dieter (2000):Nochmals: Gab es eine Phantomzeit in unserer Geschichte?. In: Beiträge zur Astronomiegeschichte 3. 2000, S. 211–214

Hillbrenner, Anke und Jahnz, Charlotte (2019): "Der 9. November"; Köln

Holford-Strevens, Leofranc (2008): Kleine Geschichte der Zeitrechnung und des Kalenders; Stuttgart

Hunger, Hermann und Sachs, Abraham J. (1996): Astronomical diaries and related texts from Babylonia, Vol. II. ; Wien

Ideler, Ludwig (1825/26): Handbuch der mathematischen und technischen Chronologie (2 Bände); Berlin

Illig, Heribert (1993): Das Ende des Heiligen Benedikt ? Der andere 'Vater des Abendlandes' wird auch fiktiv, in Zeitensprünge 2/93, S. 23-28

Illig, Heribert (1996): Das erfundene Mittelalter – Hat Karl der Große je gelebt?; München

Illig, Heribert (2004): Schwedens ausgemusterte Karle (aus Zeitensprünge 2/2004) = http://www.fantomzeit.de/?p=231)

Jaspert, Nikolas (2020): Von Karl dem Großen bis Kaiser Wilhelm: Die Erinnerung an vermeintliche und tatsächliche Kreuzzüge in Mittelalter und Moderne; http://archiv.ub.uni-heidelberg.de/volltextserver/16941/1/Jaspert_Von_Karl_dem_Grossen_bis_Kaiser_Wilhelm.pdf

Johnson, Edwin (1894): The Pauline Epistles

Johnson, Edwin (1904): The Rise of English Culture

Kammeier, Wilhelm (2000): Die Fälschung der deutschen Geschichte; Viöl

Knauer (2014): Das Christentum und die politische Ordnung : http://www.st-paulus-dom.info/dombibliothek/kdg/politische_ordnung.htm

Leo, Heinrich (1839): Lehrbuch der Universalgeschichte, Erster Band; Halle

Koch, Jörg (2009): "Der 9. November in der deutschen Geschichte"; Freiburg

Korth, Hans-Erdmann (2013): Der größte Irrtum der Weltgeschichte, Leipzig

Kortüm, Friedrich (1836-1837): Geschichte des Mittelalters, 2 Bände; Bern

Krieger, Karl-Friedrich (2009): Geschichte Englands 1: Von den Anfangen bis zum 15. Jahrhundert; Munchen

Krojer, Franz (2003): Die Präzision der Präzession; München

Krug, Philipp (1848): Forschungen in der alteren Geschichte Ruslands; St. Petersburg

Kugler, Franz Xaver (1907): Sternkunde und Sterndienst in Babel, Band 1: Entwickelung der babylonischen Planetenkunde von ihren Anfängen bis auf Christus; Münster

Kuhn, Thomas S. (1996): Die Struktur wissenschaftlicher Revolutionen; Berlin

Kuzenkov, Pavel (2006): How old is the world ? The Byzantine era and its rivals = http://www.wra1th.plus.com/byzcong/comms/Kuzenkov_paper.pdf

Le Goff, Jacques (1965): Das Hochmittelalter; Frankfurt

LexMA = Lexikon des Mittelalters (2002); München

Lietzmann, Hans und Aland, Kurt (1956): Zeitrechnung der römischen Kaiserzeit, des Mittelalters und der Neuzeit; Berlin

Lilie Ralph-Johannes (2003): Byzanz. Das zweite Rom; Berlin

Maier, Hans (2000): Die christliche Zeitrechnung; Freiburg i. B.

McGough, Richard Amiel (2006); "The Bible Wheel"; Yakima

Meisegeier, Michael (2017): Der frühchristliche Kirchenbau – das Produkt eines Chronologiefehlers; Norderstedt

Mitterauer, Michael (1993): Ahnen und Heilige. Namengebung in der europaischen Geschichte; Munchen

MGH (1986): Fälschungen im Mittelalter. Internationaler Kongress der Monumenta Germaniae Historica, München, 16.-19. September 1986; Hannover

Monumenta Germaniae Historica, entsprechende Einträge/MGH digital = http://bsbdmgh.bsb.lrz-muenchen.de/dmgh_new/

Morrison, L. und Stephenson, F. R. (2004): Historical Values of the Earth's Clock Error Delta T and the Calculation of Eclipses in: J. Hist. Astron., Vol. 35 Part 3, August 2004, No. 120. S. 327-336

NASA (2021): NASA Eclipse Website, http://eclipse.gsfc.nasa.gov/eclipse.html

Nature (2011): A draft genome of Yersinia pestis from victims of the Black Death, Nature 478, 506–510 (27 October 2011): http://www.nature.com/nature/journal/v478/n7370/full/nature10549.html

Neugebauer, Otto (1989): Chronography in ethiopic sources; Wien

Neukom, R., Barboza, L.A., Erb, M.P. et al. (2019): Consistent multidecadal variability in global temperature reconstructions and simulations over the Common Era, Nat. Geosci. 12, 643–649

Newton, Robert R. (1970): Ancient Astronomical Observations and the Accelerations of the Earth and Moon; Baltimore/London

Newton, Robert R. (1972): Medieval Chronicles and the Acceleration of the Earth; Baltimore/London

Newton, Robert R. (1977): The Crime of Claudius Ptolemy; Baltimore/London

Norwich, John J. (2006): Byzanz. Aufstieg und Fall eines Weltreichs; Berlin

Oppolzer, Theodor (1887): Canon der Finsternisse; Wien

Petit, Joseph (1900): Charles de Valois; 1900

Pfister, Christoph (2019): Die Matrix der alten Geschichte; Norderstedt

Phys. Anthropol. (2005): Detection of Yersinia pestis DNA in two early medieval skeletal finds from Aschheim (Upper Bavaria, 6th century A.D.), Am J Phys Anthropol. 2005 Jan;126(1):48-55: http://www.ncbi.nlm.nih.gov/pubmed/15386257

Popper, Karl R. (1935): Die Logik der Forschung; Wien

Ranke (1854): Abhandlungen der Berliner Akademie; Berlin

Richards, E. G. (1998): Mapping Time. The Calendar and its History; Oxford

Sarre, François de (2013), "Mais où est donc passé le Moyen Âge"; Paris (Franz.)

Scaliger, Joseph J. (1629): De emendatione temporum; Genf

Schmale, Franz-Josef (1985): Funktion und Formen mittelalterlicher Geschichtsschreibung. Eine Einführung, Darmstadt

Schmidt (2020): https://groups.google.com/group/de.sci.astronomie/msg/32118a406-cad2ba3?hl=de

Schneidmüller, Bernd und Weinfurter, Stefan (2003): Die deutschen Herrscher des Mittelalters; München

Seibicke, Wilfried (2008): Die Personennamen im Deutschen; Berlin

Starke, Ronald (2013): Niemand hat an der Uhr gedreht!; München; http://www.differenz-verlag.de/starke-illig/BuchNeu2013Mai21.pdf

Steiner, Benjamin (2008): Die Ordnung der Geschichte: Historische Tabellenwerke in der Frühen Neuzeit; Köln, Weimar, Wien

Stephenson, F. Richard (1997): Historical Eclipses and Earth's Rotation; Cambridge

Stern, Fritz u.a. (1994): "Der 9. November"; München

Tabarai: La Chronique, De Salomon à la chute des Sassanides, Éditions Actes Sud; Arles

Topper, Uwe (1998): Die große Aktion; Tübingen

Unzicker, Alexander (2010): Vom Urknall zum Durchknall. Die absurde Jagd nach der Weltformel; Heidelberg

Vollemaere, A.L. (2012): Apocalypse Maya 2012 (Foutaise ou science?); (Franz.)

Von den Brincken, Anna-Dorothee (2000): Historische Chronologie des Abendlandes; Stuttgart, Berlin, Köln

Weinfurter, Stefan (2015): Karl der Große; München

Weinreb, Friedrich (1986): Zahl-Zeichen-Wort, Weiler

Wing, Jeannette M. (2006): "Computational Thinking" in COMMUNICATIONS OF THE ACM, March 2006/Vol. 49, No. 3; https://www.cs.cmu.edu/~15110-s13/Wing06-ct.pdf